Mein Hörbuchkalender

Zur Erinnerung an mein Hörbuchjahr

Susanne Weinzierl

Für Petra

In inniger Freundschaft und tiefer Verbundenheit

Susanne Weinzierl

ERINNERUNGEN
AN MEIN HÖRBUCHJAHR

Zum selbstständigen Ausfüllen und Gestalten

Impressum

Bibliografische Information der Deutschen Nationalbibliothek:
Die Deutsche Nationalbibliothek verzeichnet diese Publikation in der Deutschen
Nationalbibliografie; detaillierte bibliografische Daten sind im Internet über http://
dnb.dnb.de abrufbar.

© 2021 Susanne Weinzierl

Herstellung und Verlag: BoD – Books on Demand, Norderstedt

ISBN: 978-3-7534-5920-2

Ich möchte mich kurz vorstellen

Mein Name ist Susanne Weinzierl und ich wohne seit 2017 mit meinem Mann in der Oberpfalz nahe bei Regensburg. Gebürtig bin ich in Nürnberg und dort habe ich auch viele Jahre gelebt.

Ich studierte an der Universität Bayreuth Grundschullehramt und übte diesen Beruf immer gerne aus. Seit 2006 arbeitete ich in der Schulleitung mit und war sowohl in Nürnberg als auch in Fürth als Schulleiterin tätig. Von 2017 bis 2020 leitete ich die Grundschule Irlbach, Gemeinde Wenzenbach im Landkreis Regensburg.

Ich habe schon immer gerne Hörbücher gehört und so ist mir die Idee für dieses kleine Büchlein gekommen.

Viel Spaß beim Ausfüllen und Gestalten!

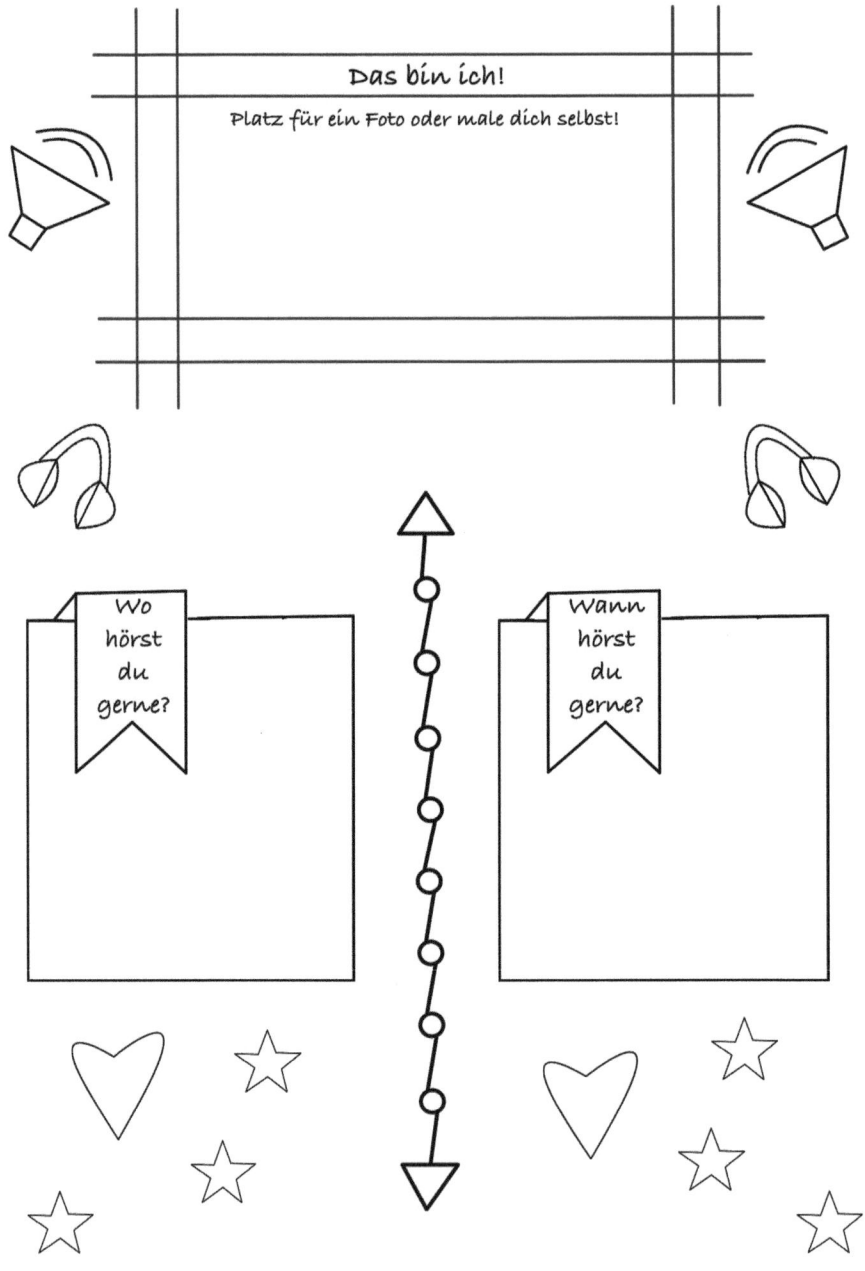

Das bin ich!

Platz für ein Foto oder male dich selbst!

Wo
hörst
du
gerne?

Wann
hörst
du
gerne?

!*Wichtig!*

Ein Hörbuch
zum Motto
des jeweiligen Monats!

Du kannst den Hörbuch-kalender beginnen, wann immer du möchtest!

Mit diesem Kalender hast du eine schöne Erin-nerung an deine Hörbücher!

Zu Hörbüchern zählen unter anderem auch: Hörspiele, Audioguides, Features, Podcasts und Live-Mitschnitte!

Welche Art von Hörbüchern magst du besonders gerne?
Unterstreiche sie, mehrere Antworten sind möglich!

Fantasy   Märchen

Krimi

Abenteuer   Wissen

Detektiv

Januar

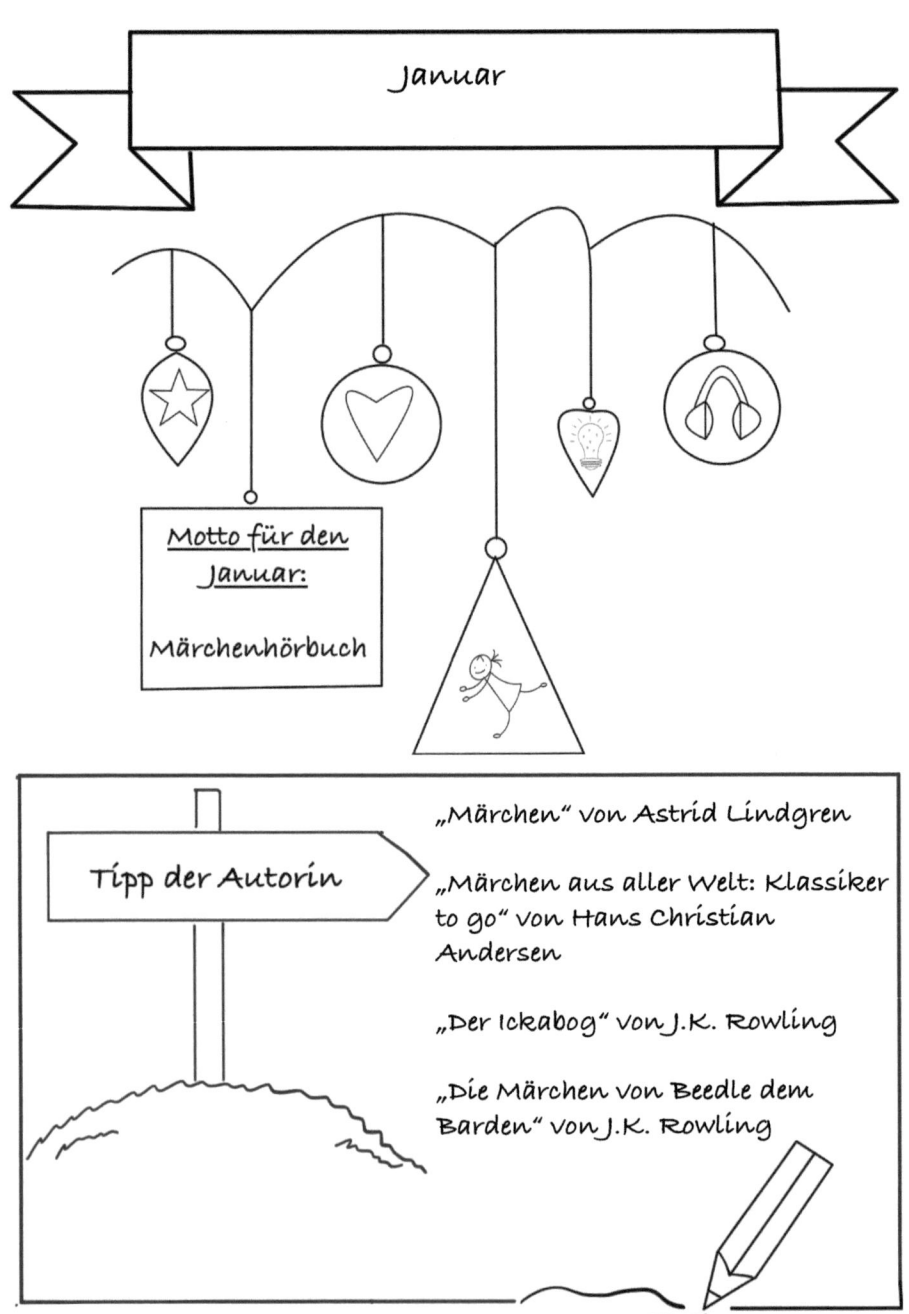

Motto für den Januar:

Märchenhörbuch

Tipp der Autorin

„Märchen" von Astrid Lindgren

„Märchen aus aller Welt: Klassiker to go" von Hans Christian Andersen

„Der Ickabog" von J.K. Rowling

„Die Märchen von Beedle dem Barden" von J.K. Rowling

Das Motto für
den Januar ist:

—————————————

—————————————

Dazu habe ich
gehört:

—————————————

—————————————

—————————————

—————————————

Wie viele Sterne
gibst du dem
Hörbuch?
Begründe dies
mit einem
Schlagwort!

☆ ☆ ☆

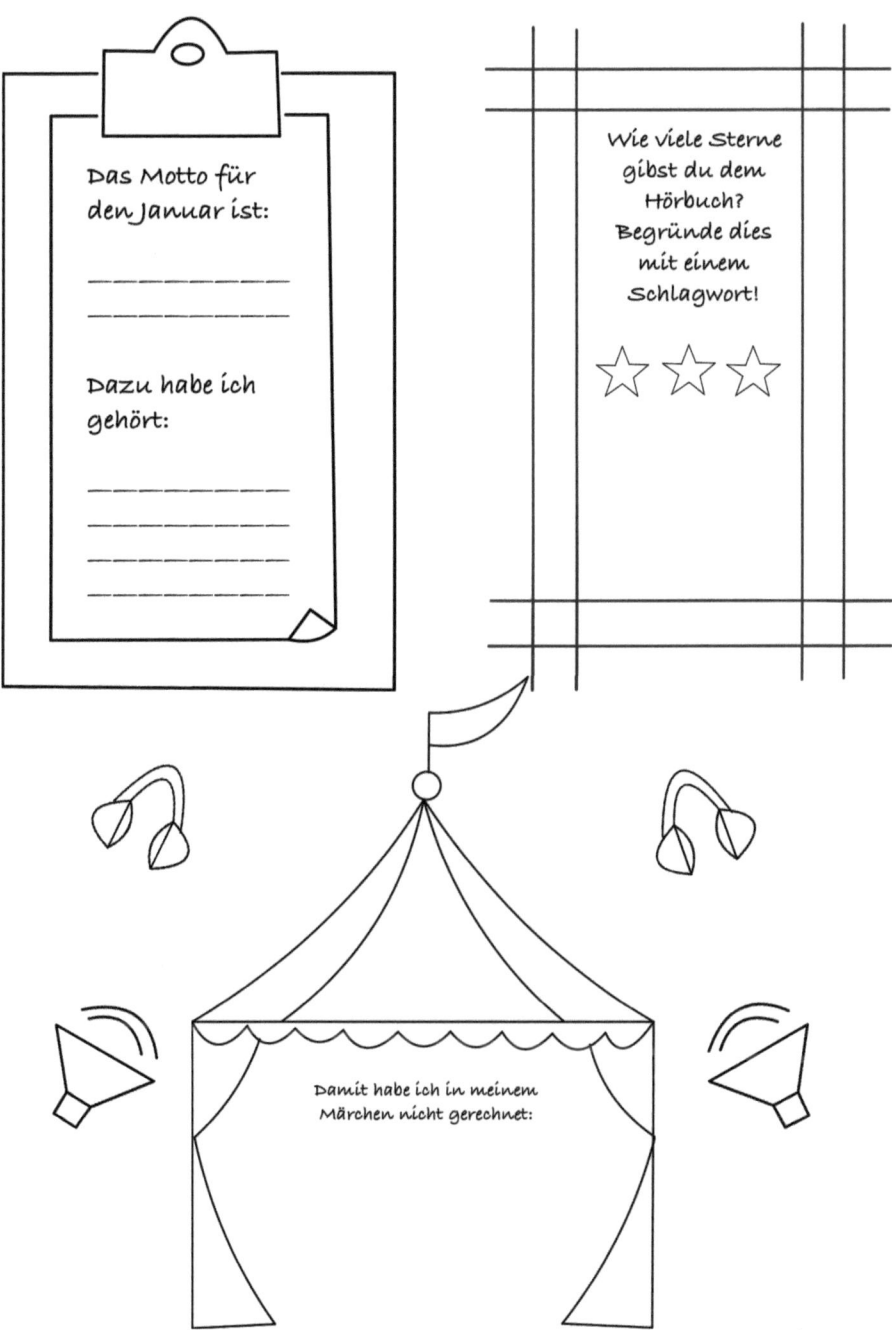

Damit habe ich in meinem
Märchen nicht gerechnet:

Schreibe den ersten Satz des Hörbuches auf:

_____

_____

_____

Schreibe den letzen Satz auf:

_____

_____

_____

Male ein Bild zu deinem
Märchenhörbuch!

Folgende Hörbücher habe
ich im Januar noch gehört!

Autorin/ Autor	Titel	So hat es mir gefallen!

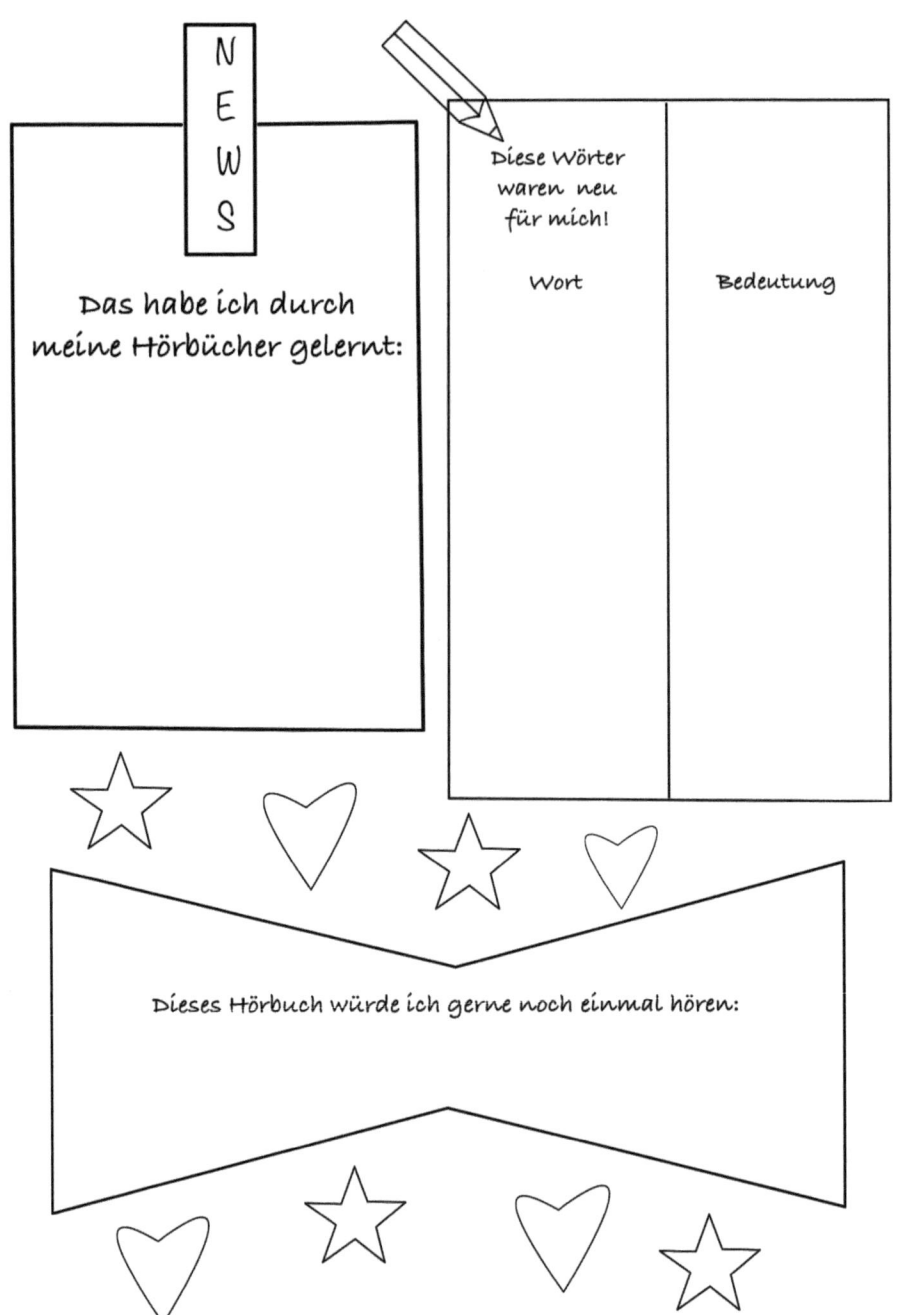

N E W S

Das habe ich durch
meine Hörbücher gelernt:

Diese Wörter
waren neu
für mich!

Wort

Bedeutung

Dieses Hörbuch würde ich gerne noch einmal hören:

Hat ein Familienmitglied oder eine Freundin/ ein Freund in diesem Monat Geburtstag?

Name:

Geschenkidee:

Platz für deine Gedanken, Ideen oder oder oder...

Mache pro gehörtes Hörbuch einen Strich!

Februar

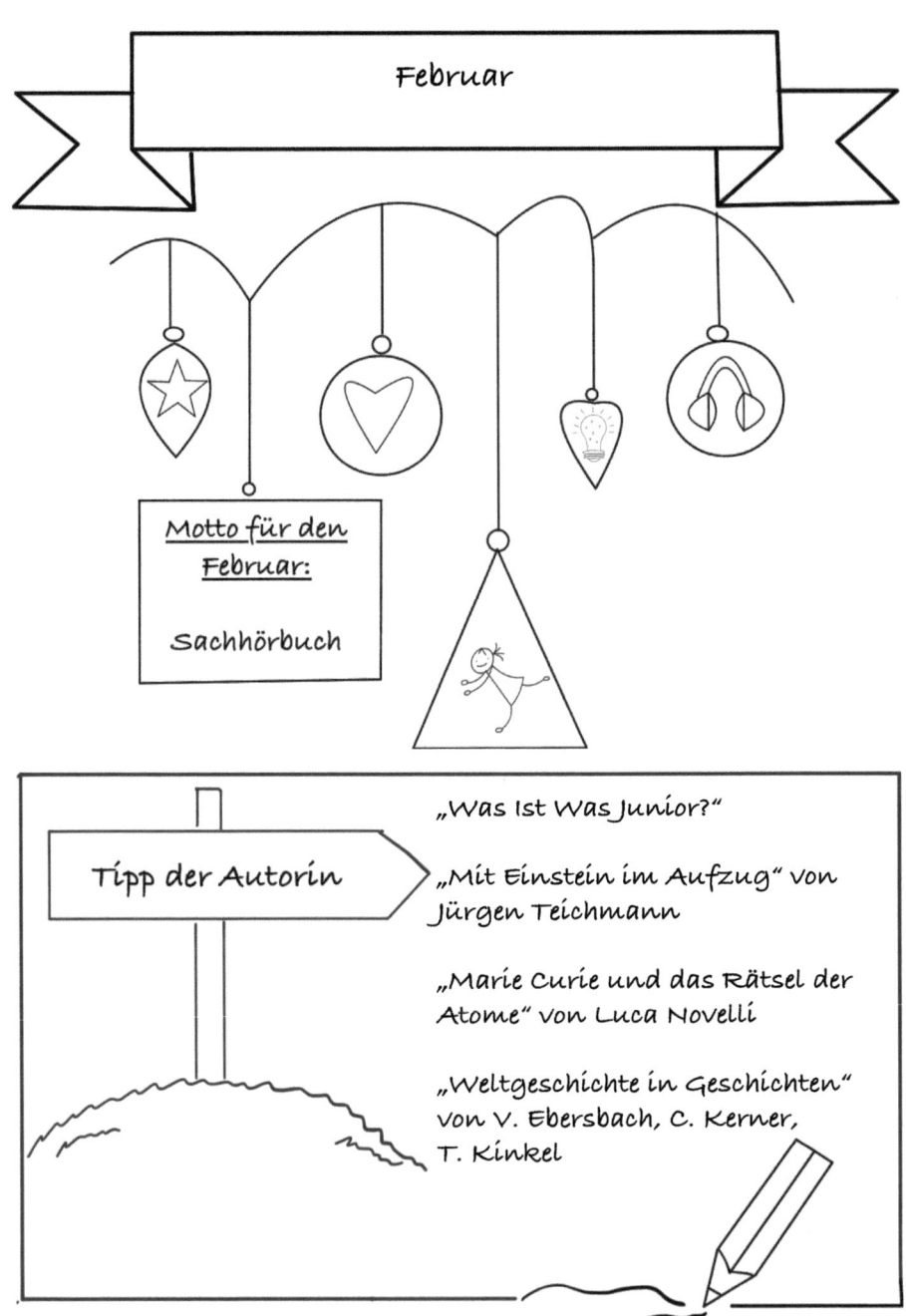

Motto für den
Februar:

Sachhörbuch

Tipp der Autorin

„Was Ist Was Junior?"

„Mit Einstein im Aufzug" von
Jürgen Teichmann

„Marie Curie und das Rätsel der
Atome" von Luca Novelli

„Weltgeschichte in Geschichten"
von V. Ebersbach, C. Kerner,
T. Kinkel

Das Motto für
den Februar ist:

_____
_____

Dazu habe ich
gehört:

_____
_____
_____
_____

Wie viele Sterne
gibst du dem
Hörbuch?
Begründe dies
mit einem
Schlagwort!

☆ ☆ ☆

Das habe ich durch mein Sachhörbuch gelernt!

Folgende Hörbücher habe
ich im Februar noch gehört!

Autorin/ Autor	Titel	So hat es mir gefallen!

N
E
W
S

Das habe ich durch
meine Hörbücher gelernt:

Diese Wörter
waren neu
für mich!

Wort

Bedeutung

Mein Sachhörbuch würde ich gerne mit

———————————————— anhören.

Hat ein Familienmitglied oder eine Freundin/ ein Freund in diesem Monat Geburtstag?

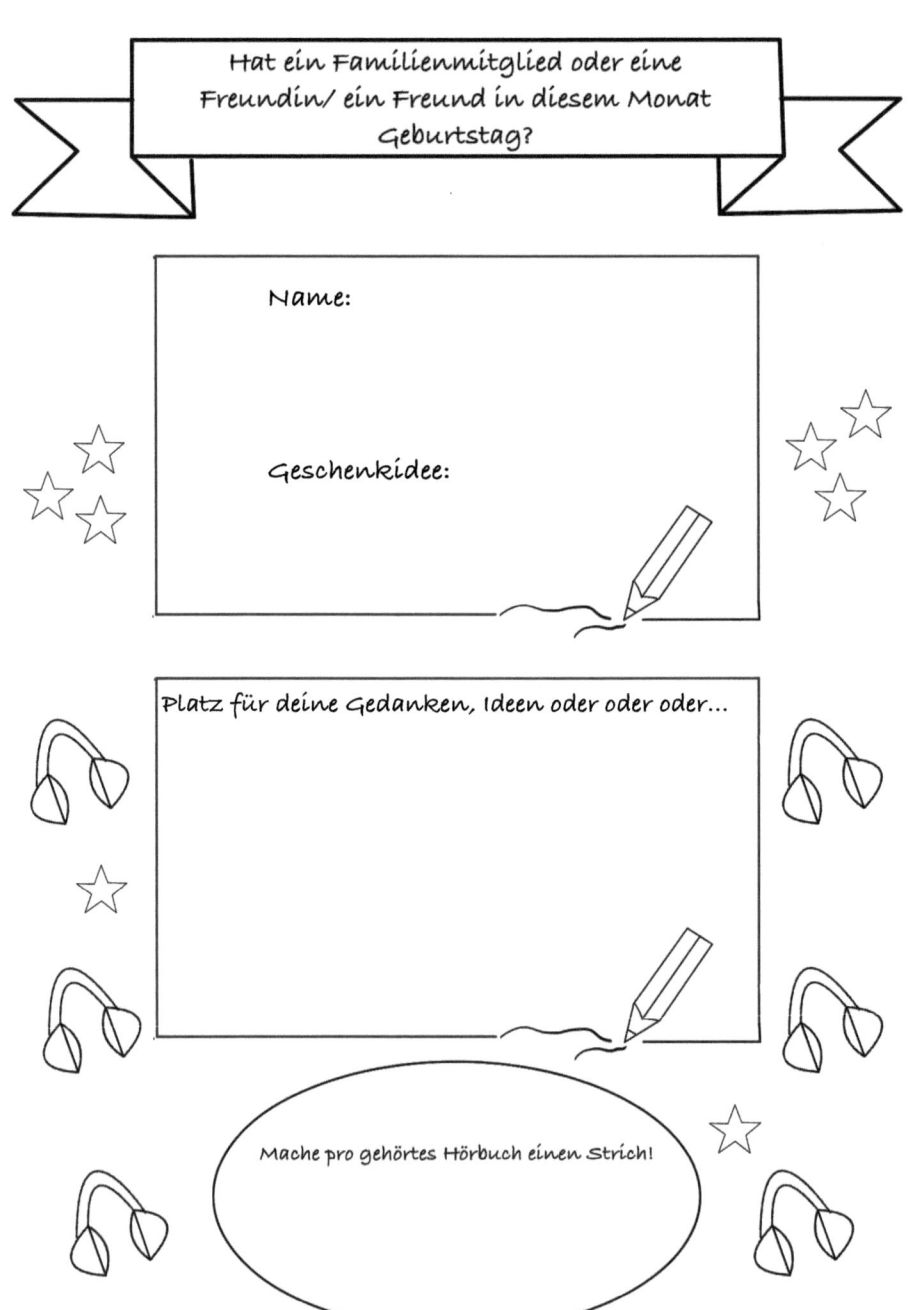

Name:

Geschenkidee:

Platz für deine Gedanken, Ideen oder oder oder...

Mache pro gehörtes Hörbuch einen Strich!

März

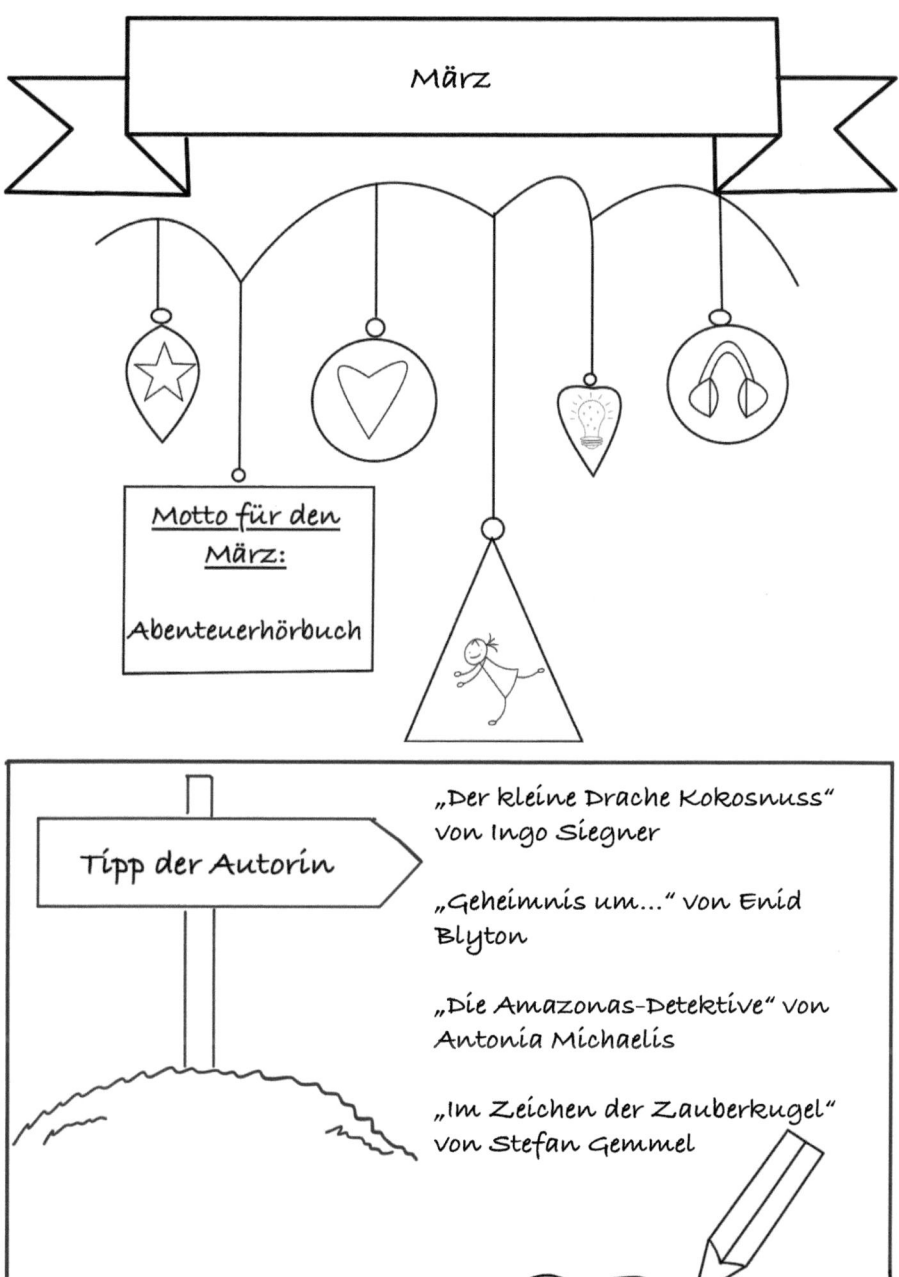

Motto für den
März:

Abenteuerhörbuch

Tipp der Autorin

„Der kleine Drache Kokosnuss"
von Ingo Siegner

„Geheimnis um…" von Enid
Blyton

„Die Amazonas-Detektive" von
Antonia Michaelis

„Im Zeichen der Zauberkugel"
von Stefan Gemmel

Das Motto für
den März ist:

_____
_____

Dazu habe ich
gehört:

_____
_____
_____

Wie viele Sterne
gibst du dem
Hörbuch?
Begründe dies
mit einem
Schlagwort!

☆ ☆ ☆

Male ein Bild zu deinem
Abenteuerhörbuch!

Welche Stelle war denn besonders spannend?

Es gibt eine Person in meinem Abenteuerhörbuch, mit
der ich gerne befreundet wäre! Begründe dies!

Folgende Hörbücher habe
ich im März noch gehört!

Autorin/ Autor	Titel	So hat es mir gefallen!

N
E
W
S

Das habe ich durch
meine Hörbücher gelernt:

Diese Wörter
waren neu
für mich!

Wort

Bedeutung

Dieses Hörbuch würde ich mit
in den Urlaub nehmen!

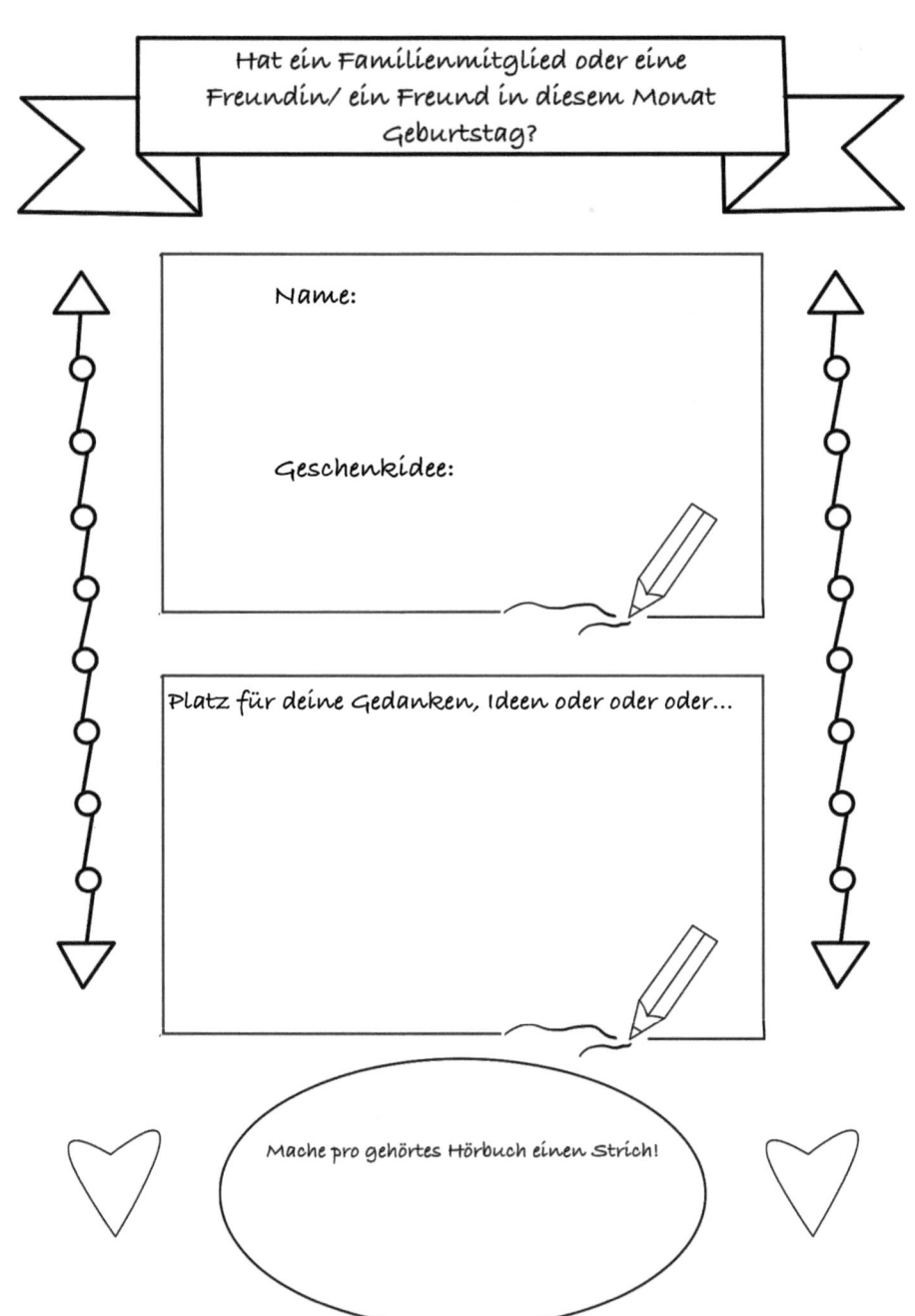

Hat ein Familienmitglied oder eine Freundin/ ein Freund in diesem Monat Geburtstag?

Name:

Geschenkidee:

Platz für deine Gedanken, Ideen oder oder oder...

Mache pro gehörtes Hörbuch einen Strich!

April

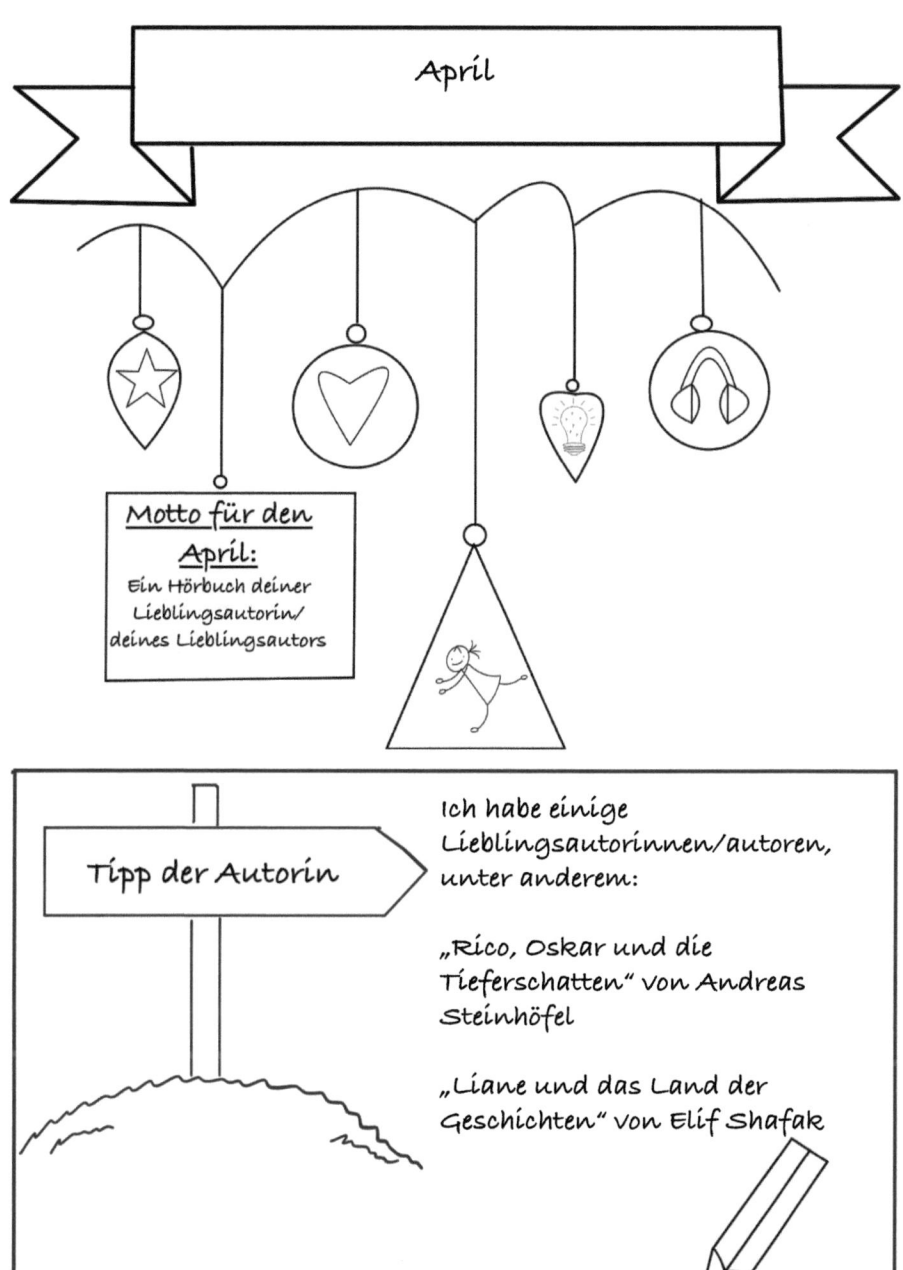

Motto für den April:
Ein Hörbuch deiner Lieblingsautorin/
deines Lieblingsautors

Tipp der Autorin

Ich habe einige Lieblingsautorinnen/autoren, unter anderem:

„Rico, Oskar und die Tieferschatten" von Andreas Steinhöfel

„Liane und das Land der Geschichten" von Elif Shafak

Das Motto für
den April ist:

_____
_____

Dazu habe ich
gehört:

_____
_____
_____
_____

Wie viele Sterne
gibst du dem
Hörbuch?
Begründe dies
mit einem
Schlagwort!

☆ ☆ ☆

Was weißt du über die Autorin/ den Autor?

Diese Hörbücher habe ich schon von ihr/ von
ihm gehört:

Diese Hörbücher von ihr/ von ihm möchte ich
noch hören:

27

Folgende Hörbücher habe
ich im April noch gehört!

Autorin/ Autor	Titel	So hat es mir gefallen!

N
E
W
S

Das habe ich durch
meine Hörbücher gelernt:

Diese Wörter
waren neu
für mich!

Wort

Bedeutung

Platz für ein Bild!

Hat ein Familienmitglied oder eine Freundin/ ein Freund in diesem Monat Geburtstag?

Name:

Geschenkidee:

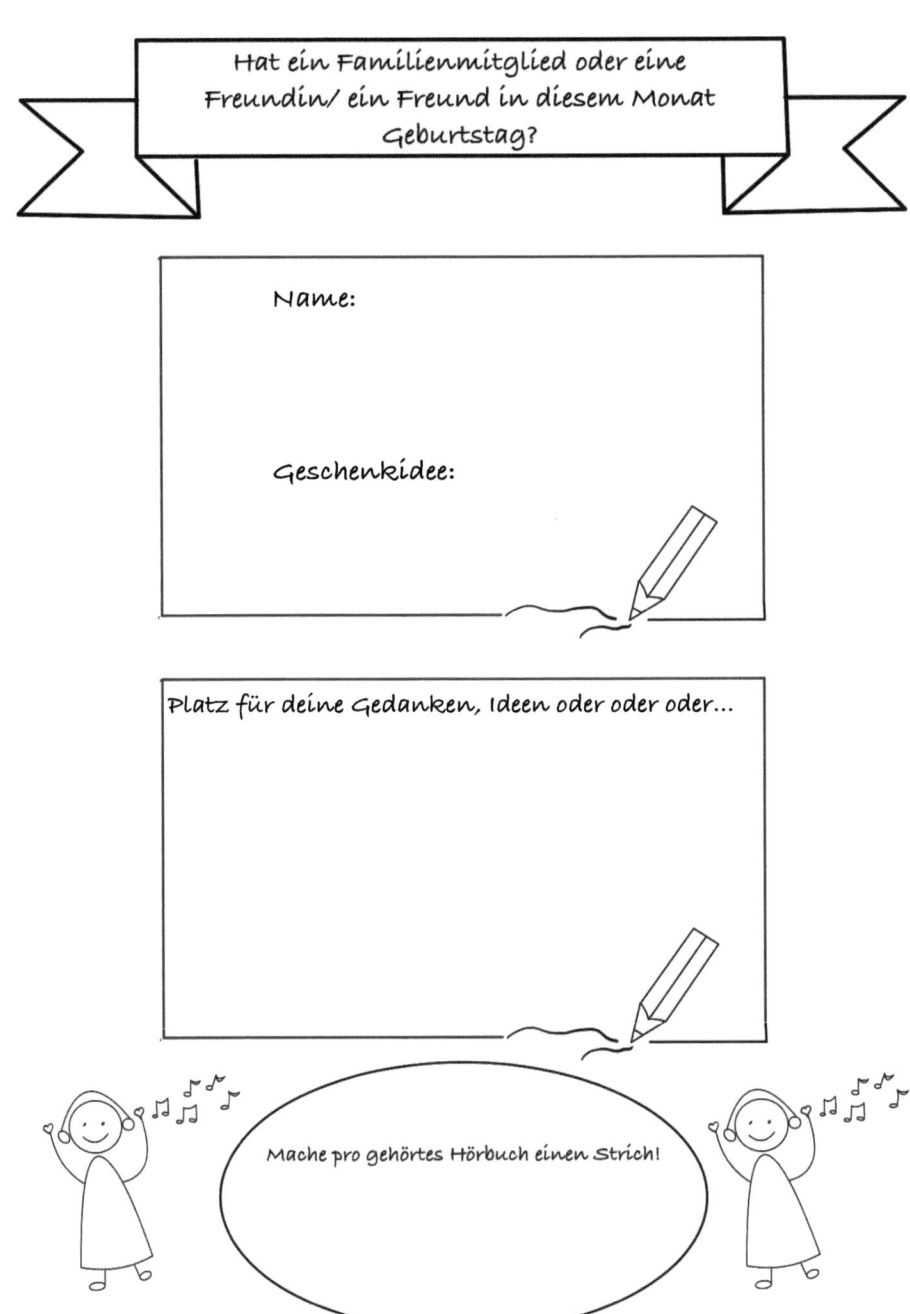

Platz für deine Gedanken, Ideen oder oder oder...

Mache pro gehörtes Hörbuch einen Strich!

Mai

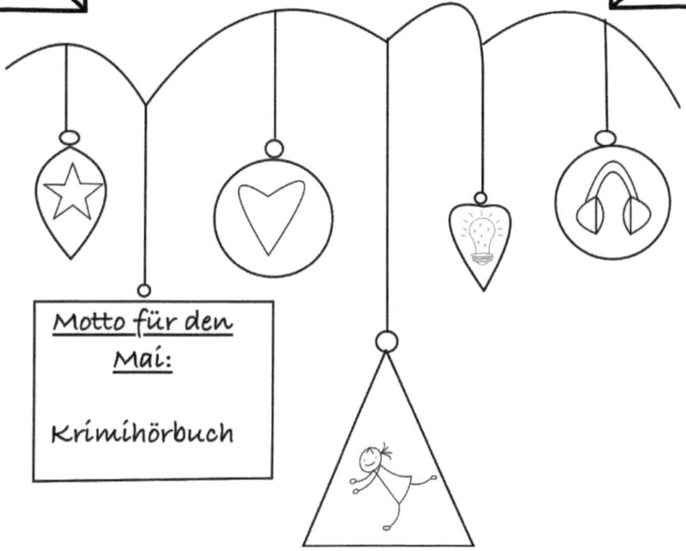

Motto für den Mai:

Krimihörbuch

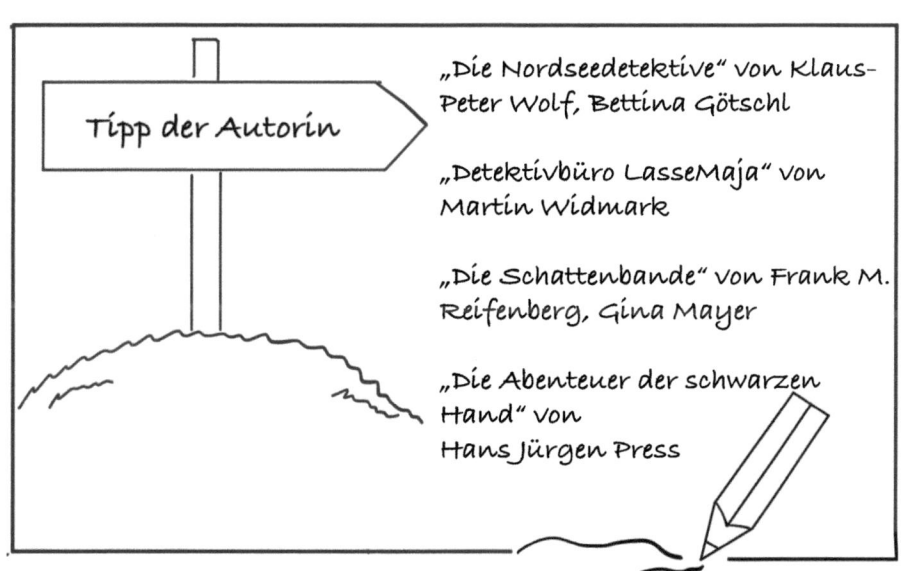

Tipp der Autorin

„Die Nordseedetektive" von Klaus-Peter Wolf, Bettina Götschl

„Detektivbüro LasseMaja" von Martin Widmark

„Die Schattenbande" von Frank M. Reifenberg, Gina Mayer

„Die Abenteuer der schwarzen Hand" von Hans Jürgen Press

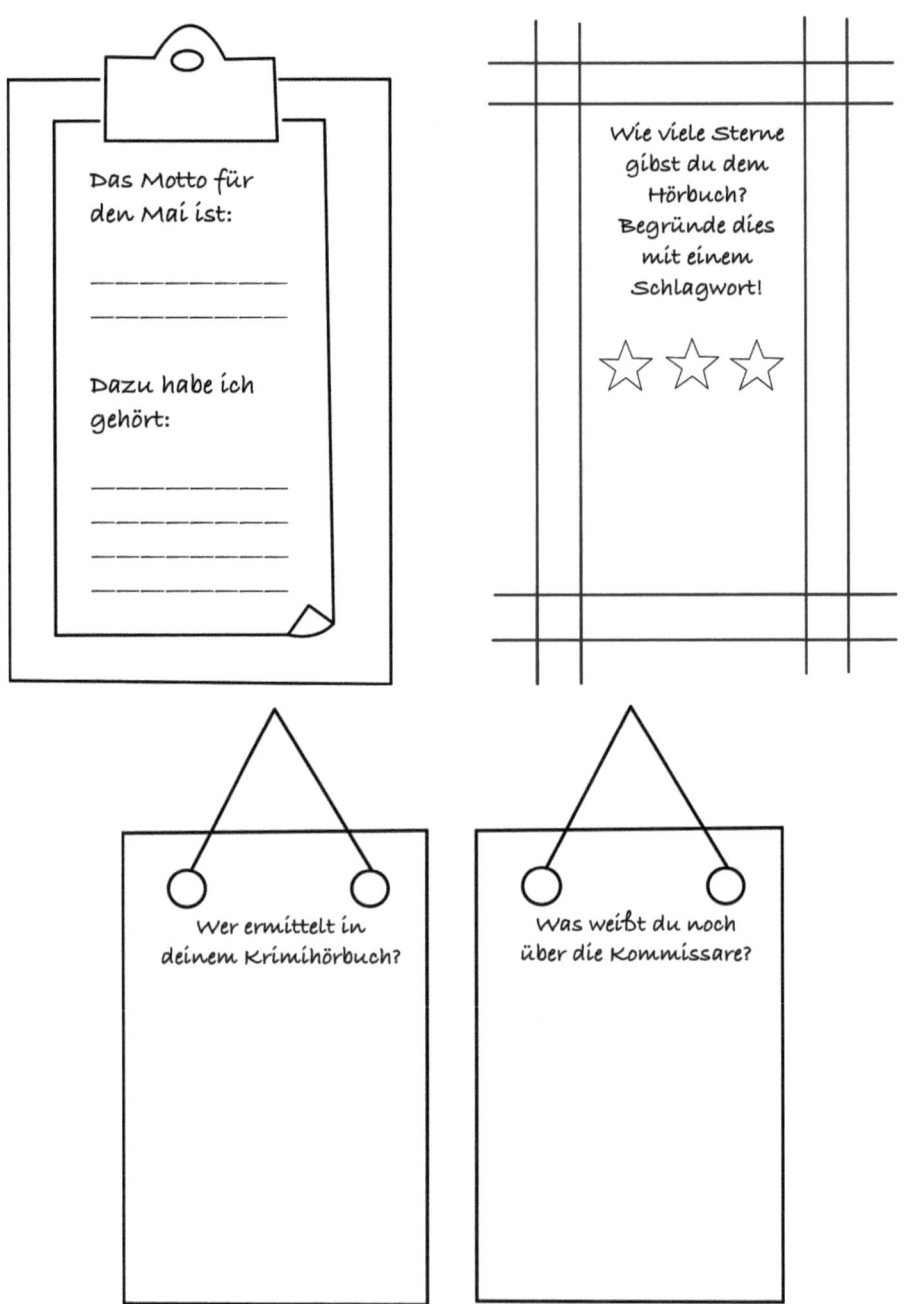

Das Motto für den Mai ist:

——————————
——————————

Dazu habe ich gehört:

——————————
——————————
——————————
——————————

Wie viele Sterne gibst du dem Hörbuch? Begründe dies mit einem Schlagwort!

☆ ☆ ☆

Wer ermittelt in deinem Krimihörbuch?

Was weißt du noch über die Kommissare?

Folgende Hörbücher habe
ich im Mai noch gehört!

Autorin/ Autor	Titel	So hat es mir gefallen!

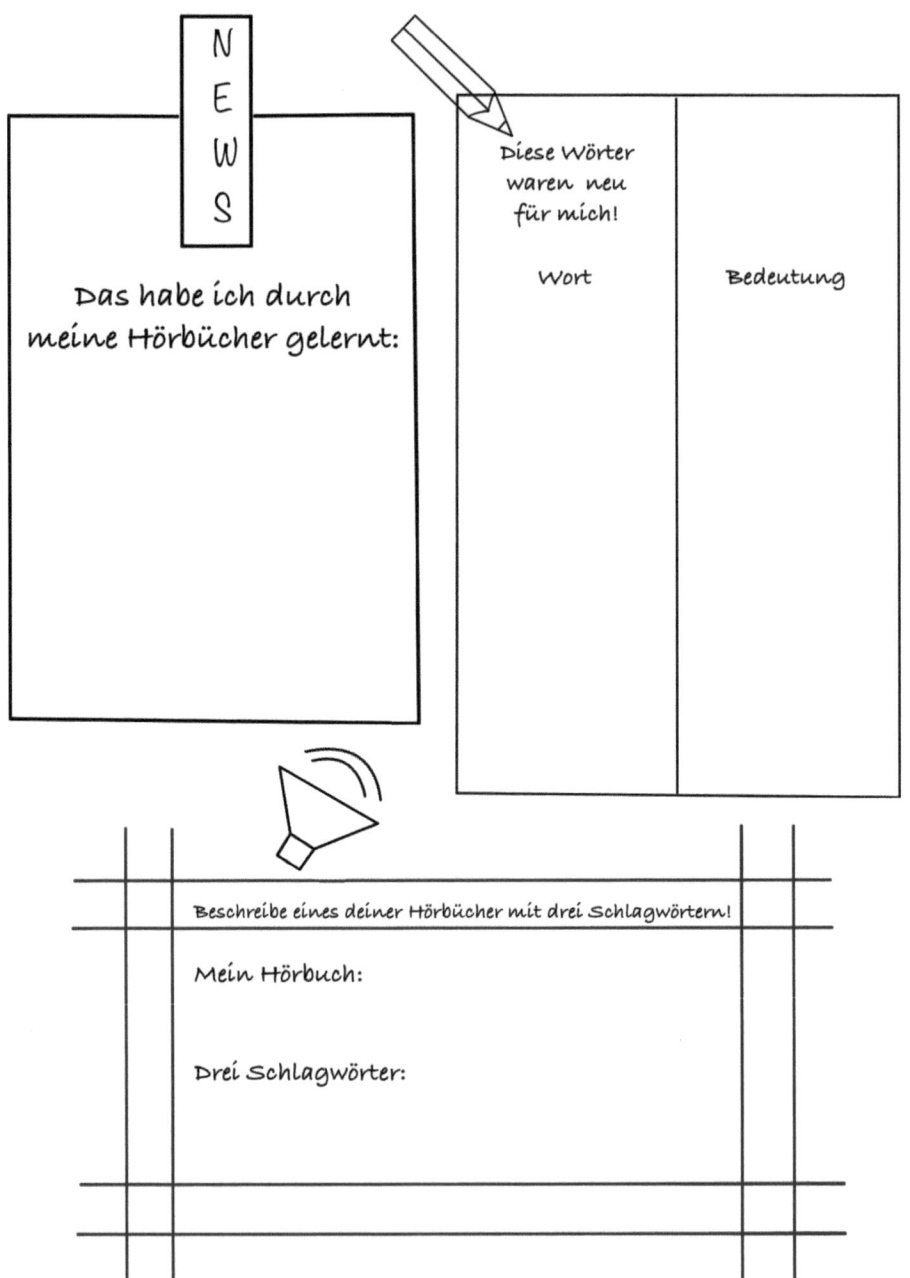

N
E
W
S

Das habe ich durch
meine Hörbücher gelernt:

Diese Wörter
waren neu
für mich!

Wort

Bedeutung

Beschreibe eines deiner Hörbücher mit drei Schlagwörtern!

Mein Hörbuch:

Drei Schlagwörter:

Hat ein Familienmitglied oder eine Freundin/ ein Freund in diesem Monat Geburtstag?

Name:

Geschenkidee:

Platz für deine Gedanken, Ideen oder oder oder...

Mache pro gehörtes Hörbuch einen Strich!

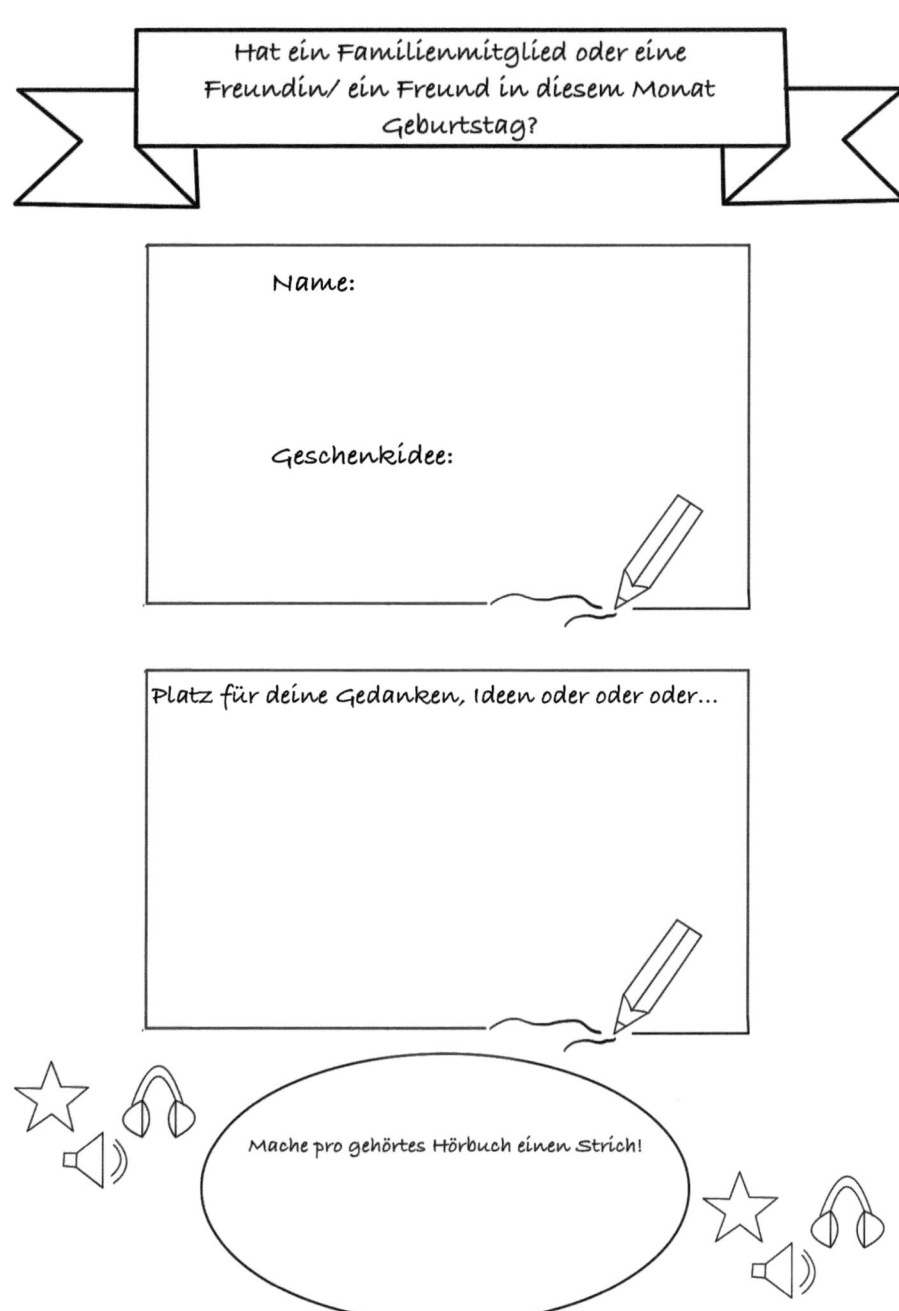

35

Juni

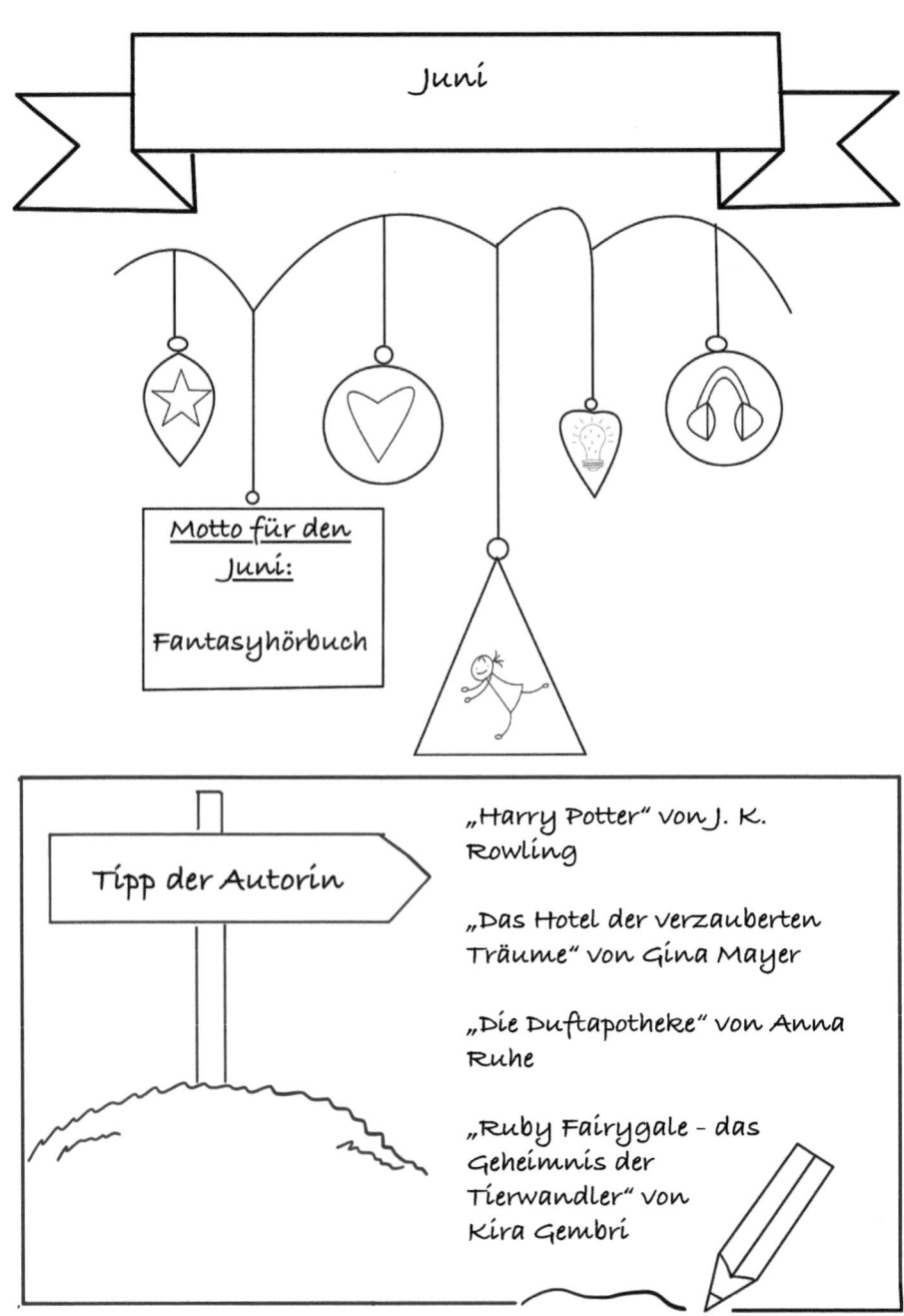

Motto für den Juni:

Fantasyhörbuch

Tipp der Autorin

„Harry Potter" von J. K. Rowling

„Das Hotel der verzauberten Träume" von Gina Mayer

„Die Duftapotheke" von Anna Ruhe

„Ruby Fairygale - das Geheimnis der Tierwandler" von Kira Gembri

Das Motto für den Juni ist:

_____
_____

Dazu habe ich gehört:

_____
_____
_____
_____

Wie viele Sterne gibst du dem Hörbuch? Begründe dies mit einem Schlagwort!

☆ ☆ ☆

In welchem Land/ in welcher Stadt spielt deine Fantasygeschichte?

In welcher Zeit spielt dein Fantasyhörbuch?
(Vergangenheit, Gegenwart oder Zukunft)

Fertige eine Zeichnung an
zu einer Person
aus deinem Hörbuch!

Folgende Hörbücher habe
ich im Juni noch gehört!

Autorin/ Autor	Titel	So hat es mir gefallen!

N
E
W
S

Das habe ich durch
meine Hörbücher gelernt:

Diese Wörter
waren neu
für mich!

Wort	Bedeutung

!!!

Dieses
Hörbuch
empfehle ich
weiter:

_____

Zeichne das
Titelbild!

Hat ein Familienmitglied oder eine Freundin/ ein Freund in diesem Monat Geburtstag?

Name:

Geschenkidee:

Platz für deine Gedanken, Ideen oder oder oder...

Mache pro gehörtes Hörbuch einen Strich!

Juli

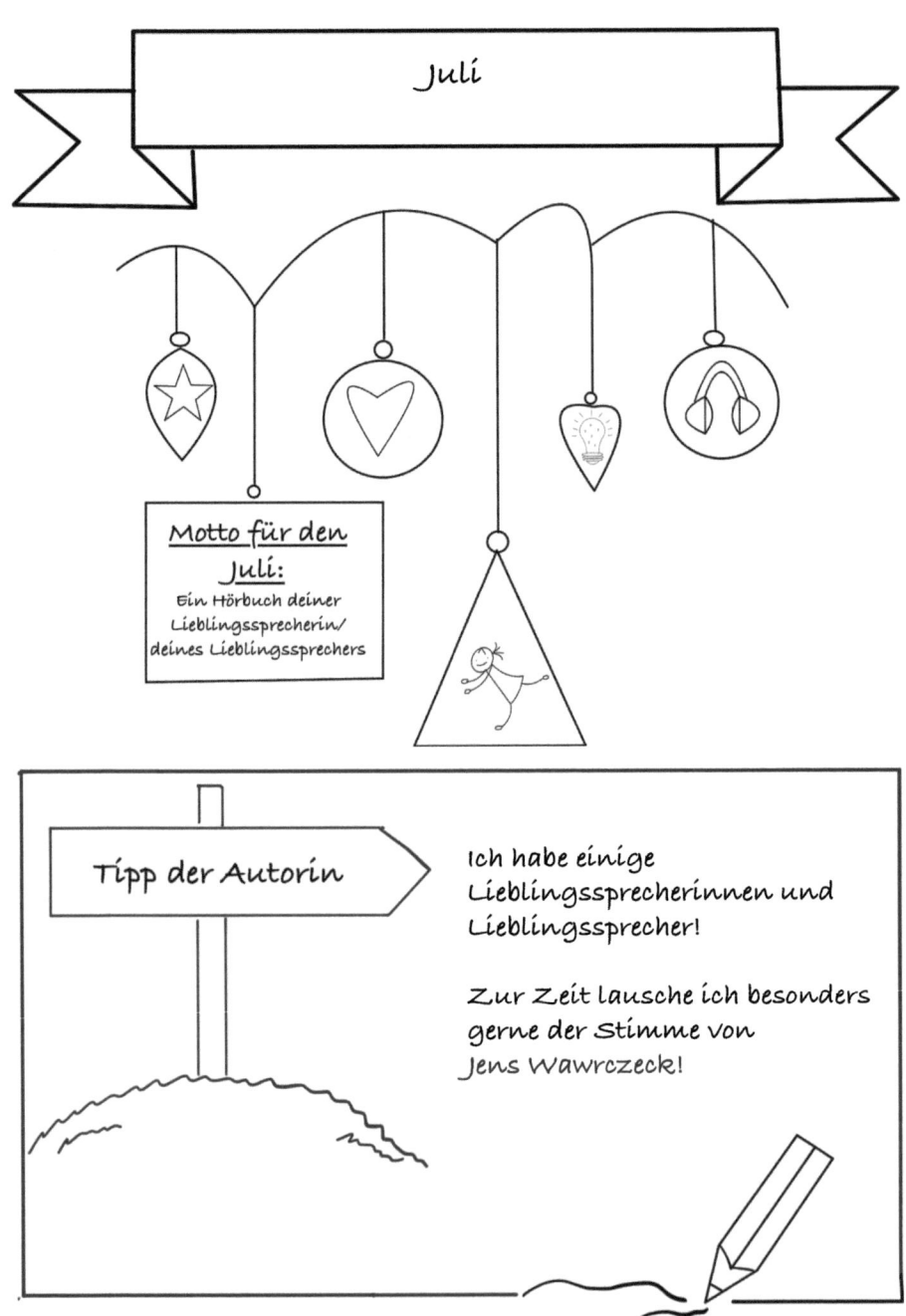

Motto für den Juli:
Ein Hörbuch deiner
Lieblingssprecherin/
deines Lieblingssprechers

Tipp der Autorin

Ich habe einige
Lieblingssprecherinnen und
Lieblingssprecher!

Zur Zeit lausche ich besonders
gerne der Stimme von
Jens Wawrczeck!

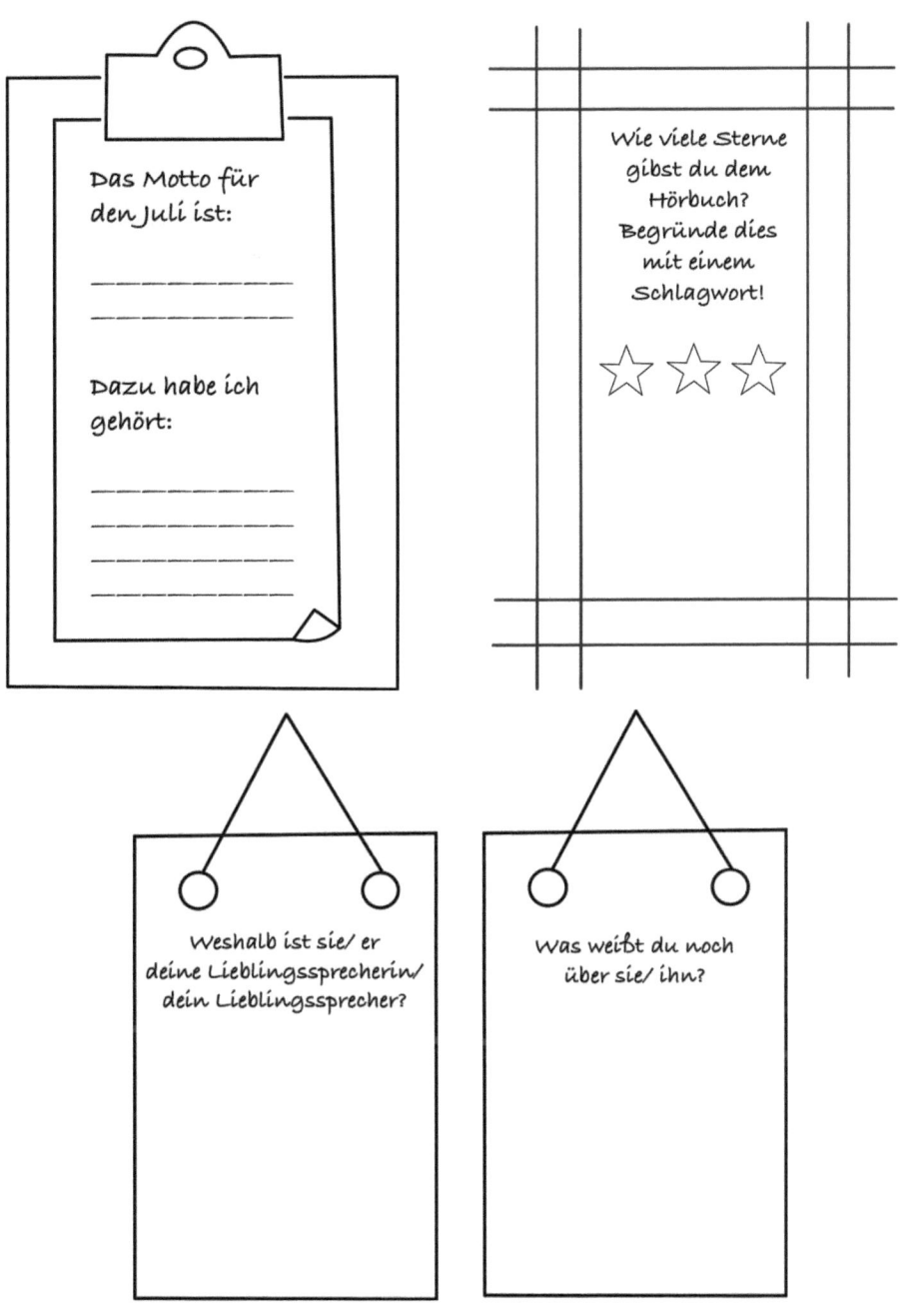

Das Motto für den Juli ist:

_____
_____

Dazu habe ich gehört:

_____
_____
_____
_____

Wie viele Sterne gibst du dem Hörbuch? Begründe dies mit einem Schlagwort!

☆ ☆ ☆

Weshalb ist sie/ er deine Lieblingssprecherin/ dein Lieblingssprecher?

Was weißt du noch über sie/ ihn?

Folgende Hörbücher habe
ich im Juli noch gehört!

Autorin/ Autor	Titel	So hat es mir gefallen!

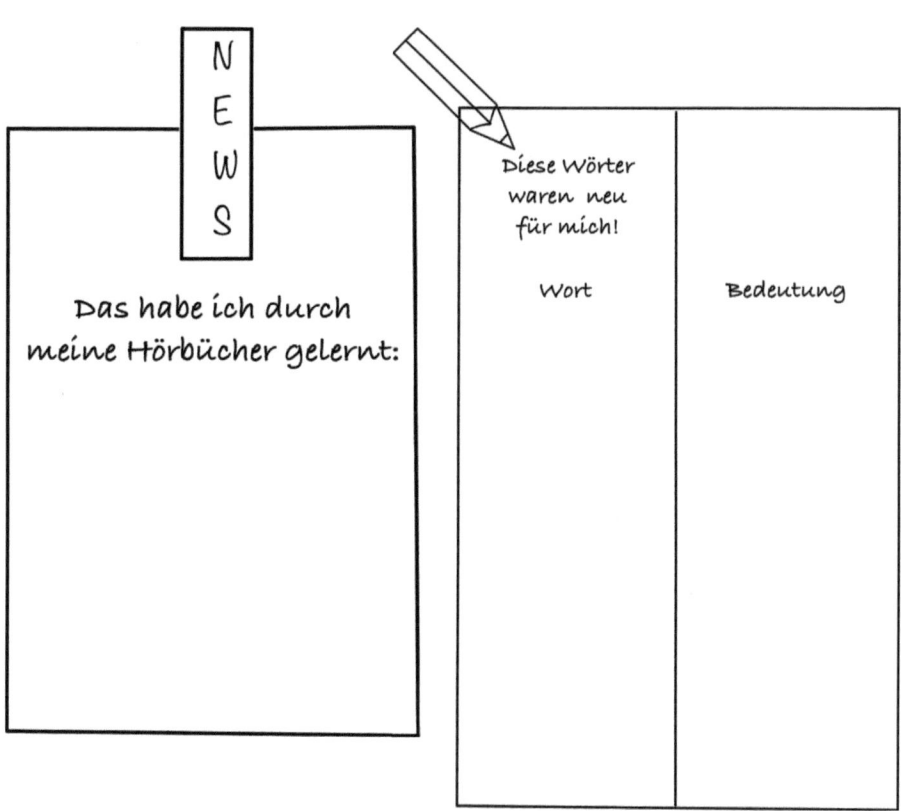

N E W S

Das habe ich durch meine Hörbücher gelernt:

Diese Wörter waren neu für mich!

Wort	Bedeutung

Gibt es eines deiner Hörbücher auch als Buch oder wurde es schon verfilmt?

Hat ein Familienmitglied oder eine Freundin/ ein Freund in diesem Monat Geburtstag?

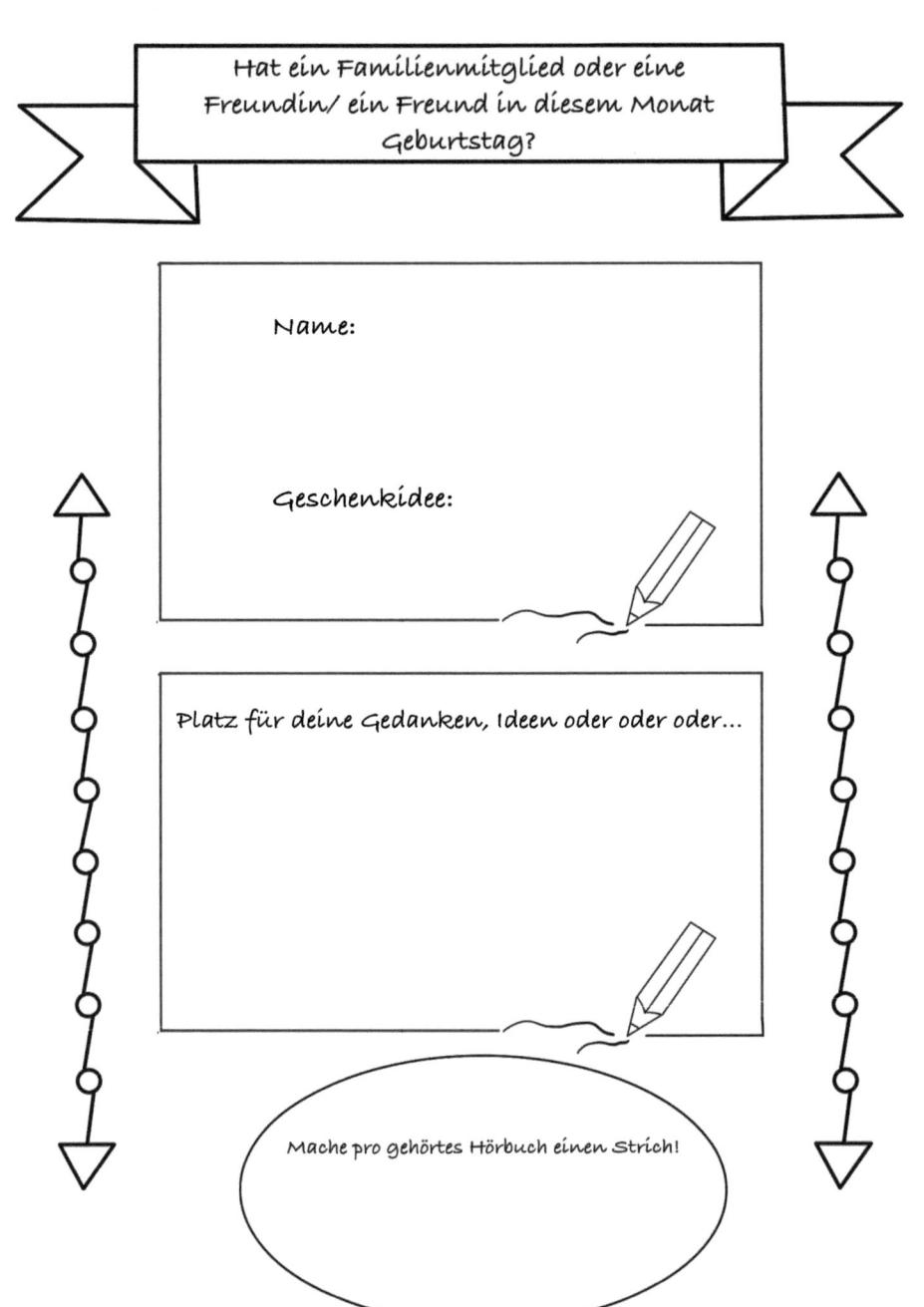

Name:

Geschenkidee:

Platz für deine Gedanken, Ideen oder oder oder...

Mache pro gehörtes Hörbuch einen Strich!

August

Motto für den August:

Musikhörbuch

URLAUBSZEIT!
Denke an genügend Lektüre!

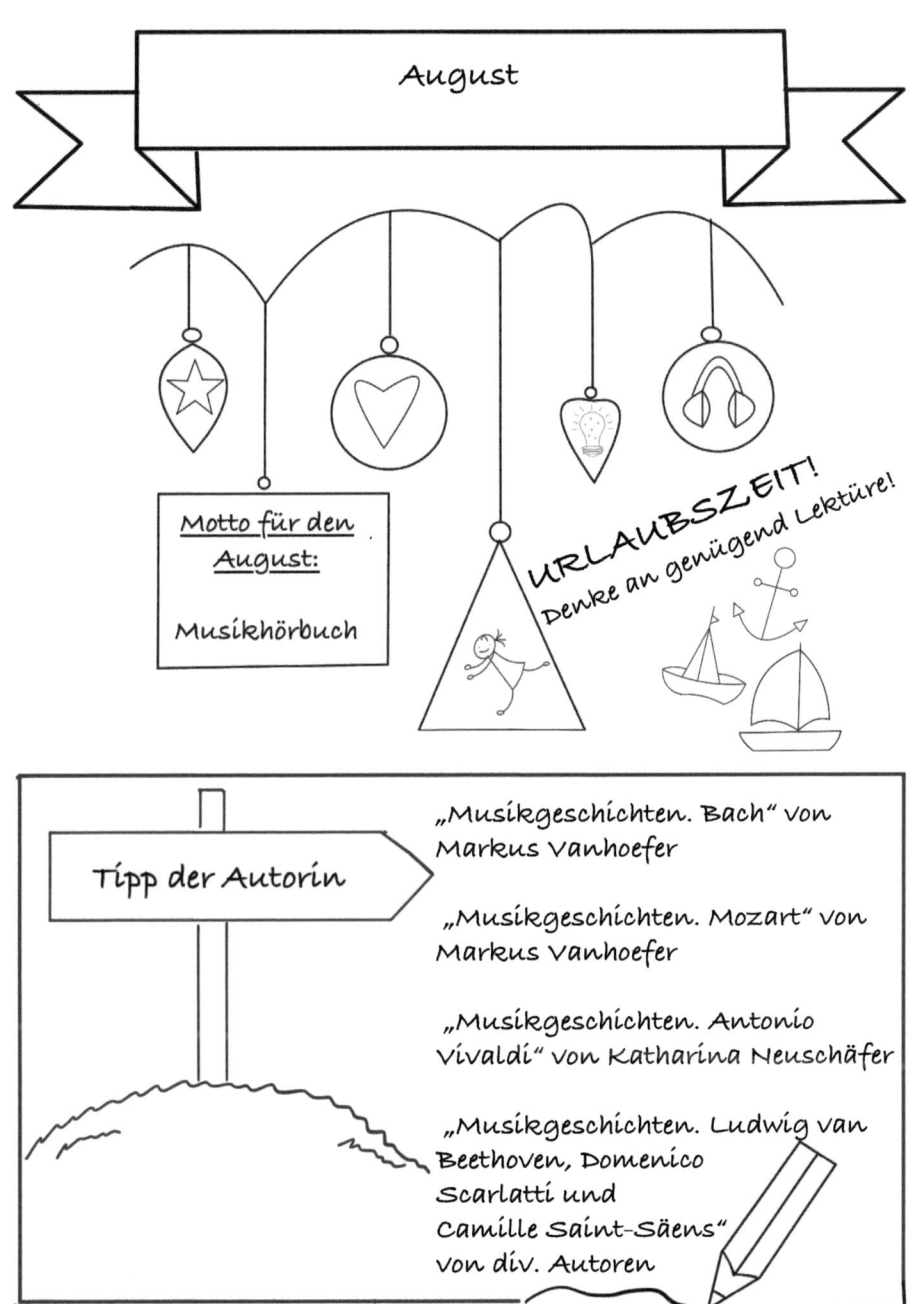

Tipp der Autorin

„Musikgeschichten. Bach" von Markus Vanhoefer

„Musikgeschichten. Mozart" von Markus Vanhoefer

„Musikgeschichten. Antonio Vivaldi" von Katharina Neuschäfer

„Musikgeschichten. Ludwig van Beethoven, Domenico Scarlatti und Camille Saint-Säens" von div. Autoren

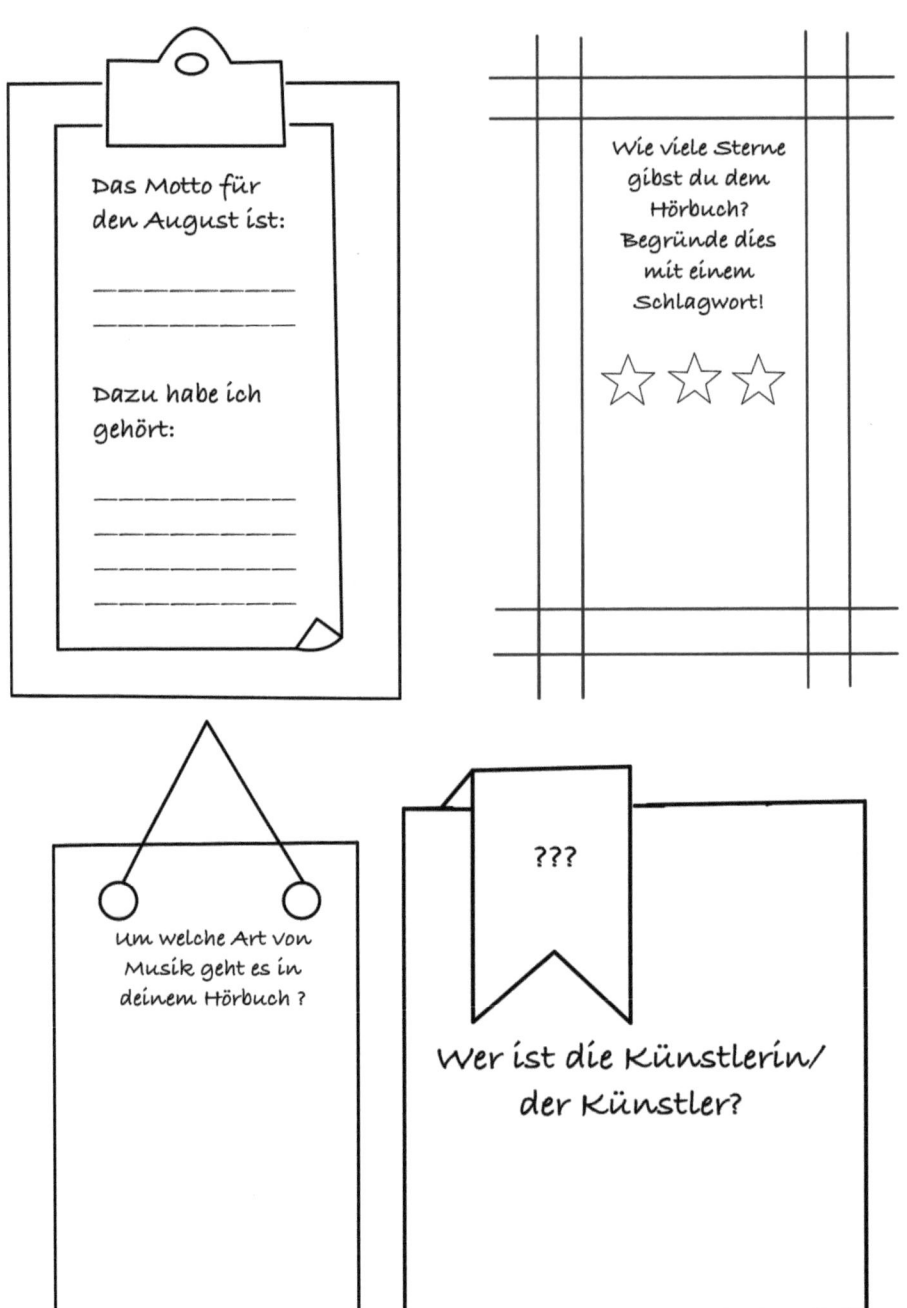

Das Motto für den August ist:

_ _ _ _ _ _ _ _ _
_ _ _ _ _ _ _ _ _

Dazu habe ich gehört:

_ _ _ _ _ _ _ _ _
_ _ _ _ _ _ _ _ _
_ _ _ _ _ _ _ _ _
_ _ _ _ _ _ _ _ _

Wie viele Sterne gibst du dem Hörbuch? Begründe dies mit einem Schlagwort!

☆ ☆ ☆

Um welche Art von Musik geht es in deinem Hörbuch?

???

Wer ist die Künstlerin/ der Künstler?

Folgende Hörbücher habe ich im August noch gehört!

Autorin/ Autor	Titel	So hat es mir gefallen!

N
E
W
S

Das habe ich durch
meine Hörbücher gelernt:

Diese Wörter
waren neu
für mich!

Wort   Bedeutung

Wähle eines deiner Hörbücher aus und
beschreibe den Inhalt in einem Satz!

Hat ein Familienmitglied oder eine
Freundin/ ein Freund in diesem Monat
Geburtstag?

Name:

Geschenkidee:

Platz für deine Gedanken, Ideen oder oder oder...

Mache pro gehörtes Hörbuch einen Strich!

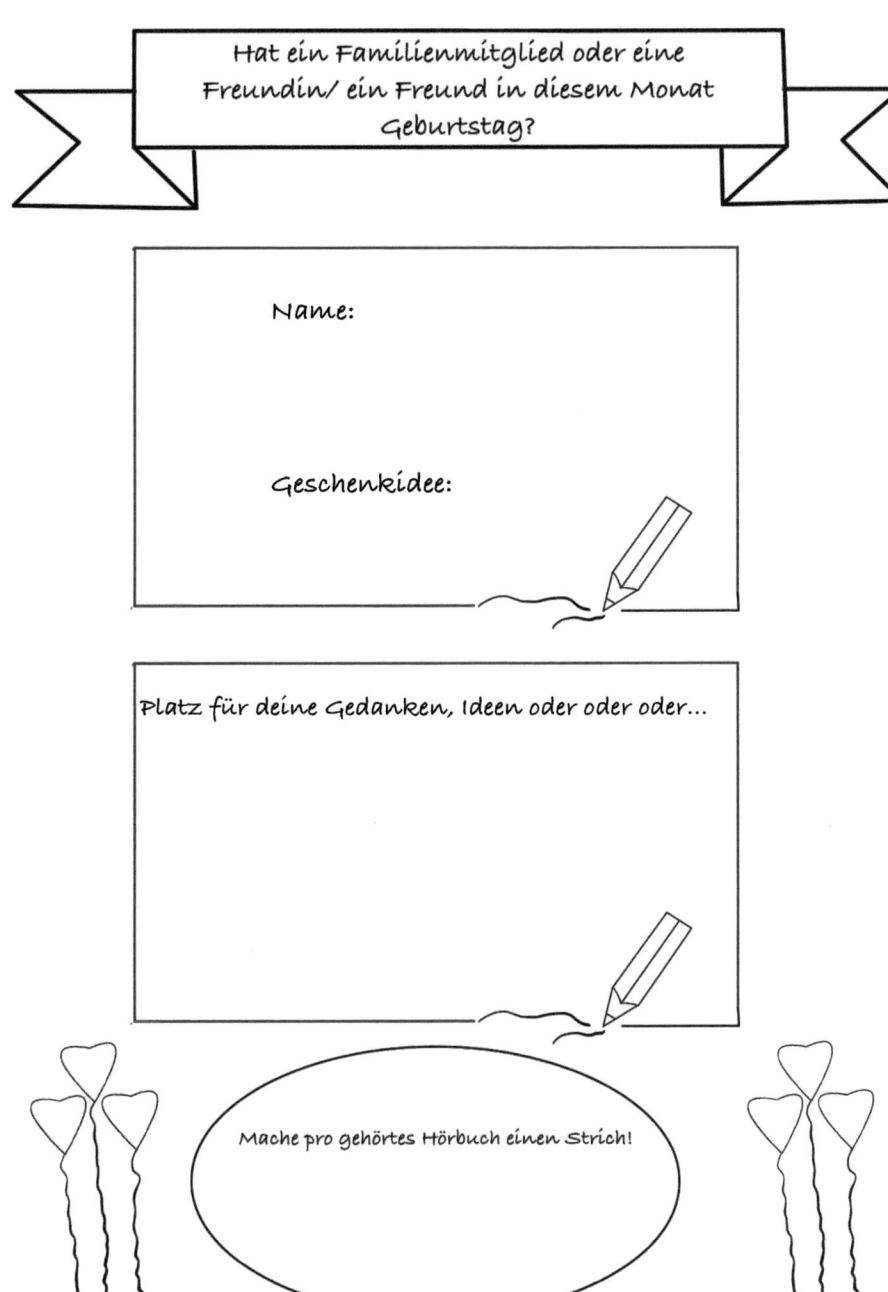

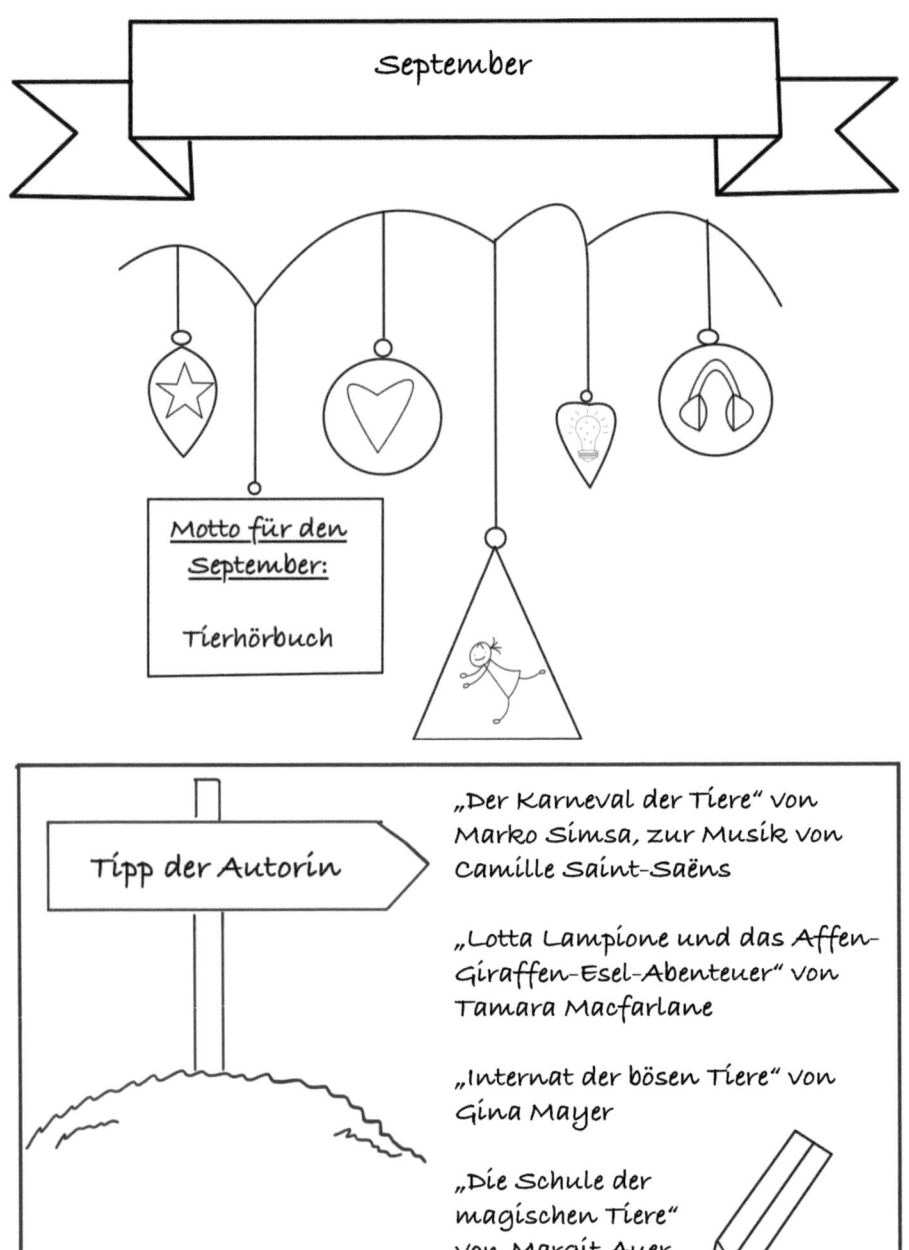

September

Motto für den September:

Tierhörbuch

Tipp der Autorin

„Der Karneval der Tiere" von Marko Simsa, zur Musik von Camille Saint-Saëns

„Lotta Lampione und das Affen-Giraffen-Esel-Abenteuer" von Tamara Macfarlane

„Internat der bösen Tiere" von Gina Mayer

„Die Schule der magischen Tiere" von Margit Auer

Das Motto für
den September
ist:

_____
_____

Dazu habe ich
gehört:

_____
_____
_____
_____

Wie viele Sterne
gibst du dem
Hörbuch?
Begründe dies
mit einem
Schlagwort!

☆ ☆ ☆

Welches Tier kommt in deinem
Hörbuch vor?

Was weißt du noch über das Tier?
Beschreibe es kurz und male dann ein Bild!

Folgende Hörbücher habe ich im September noch gehört!

Autorin/ Autor	Titel	So hat es mir gefallen!

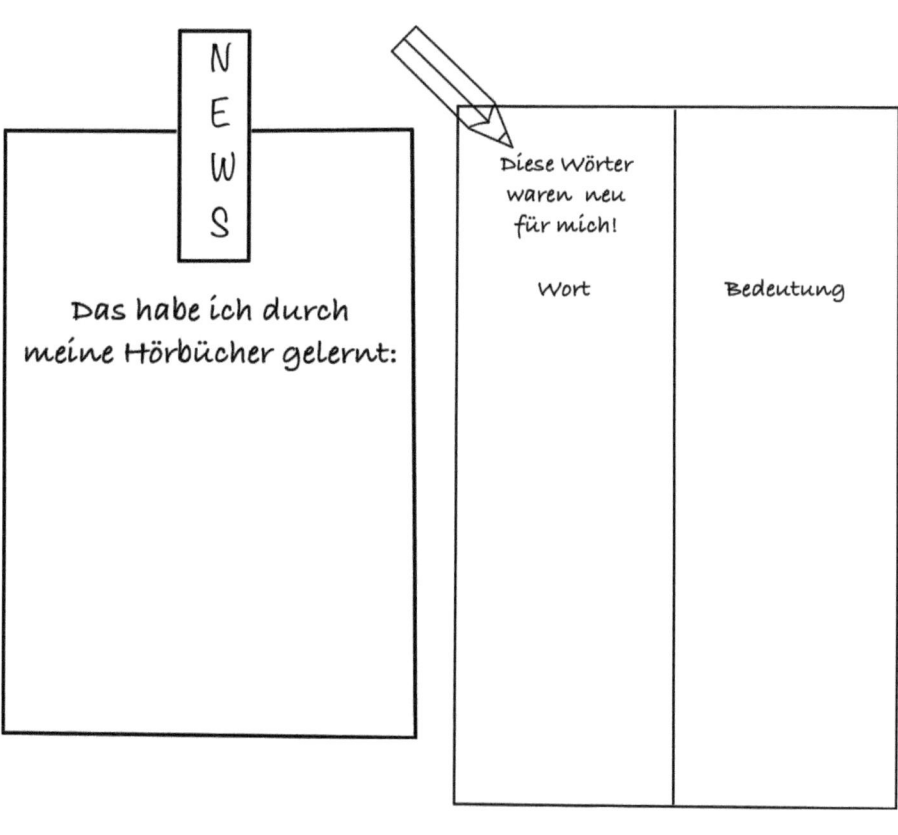

N
E
W
S

Das habe ich durch
meine Hörbücher gelernt:

Diese Wörter
waren neu
für mich!

Wort

Bedeutung

Zeichne die Flagge des Landes, in dem
eines deiner Hörbücher spielt!

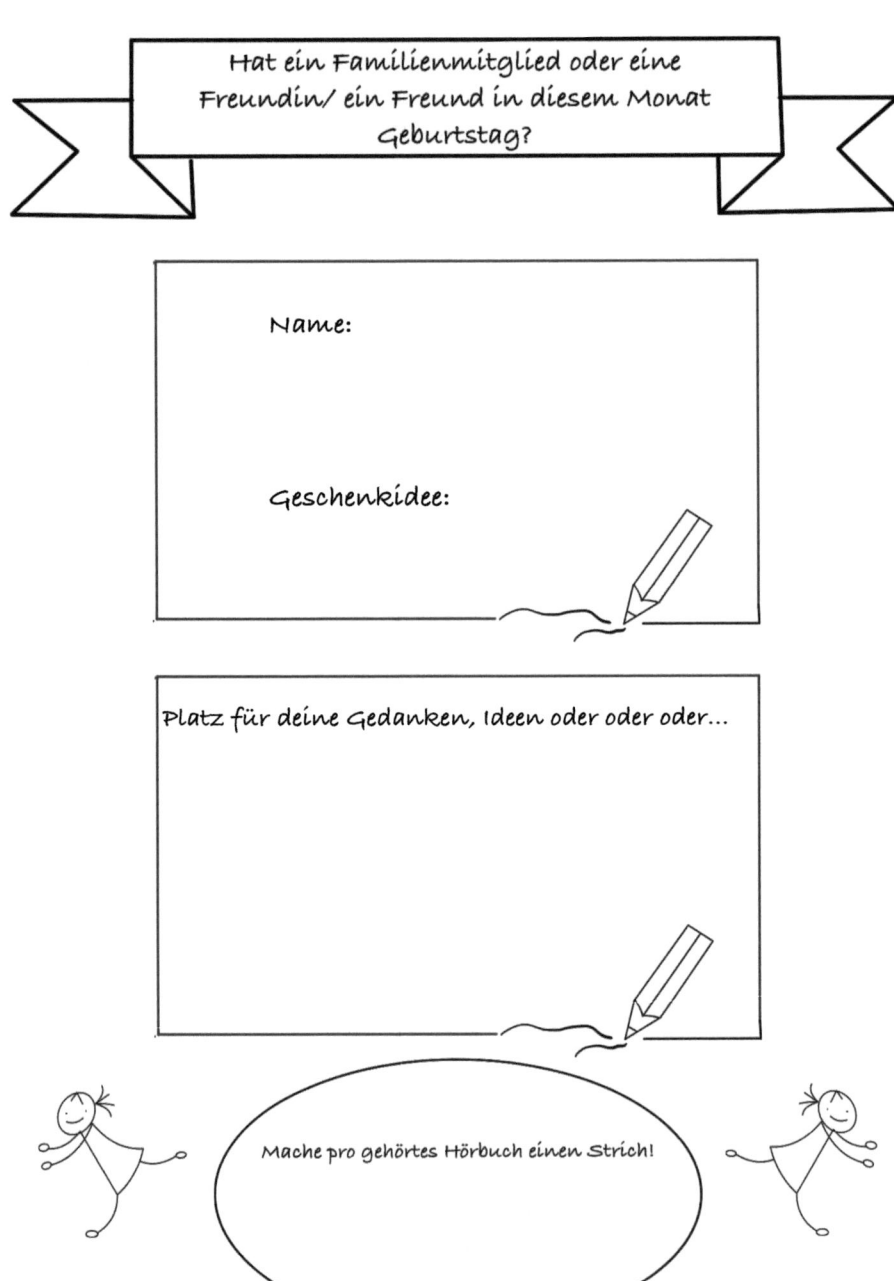

Hat ein Familienmitglied oder eine Freundin/ ein Freund in diesem Monat Geburtstag?

Name:

Geschenkidee:

Platz für deine Gedanken, Ideen oder oder oder...

Mache pro gehörtes Hörbuch einen Strich!

Oktober

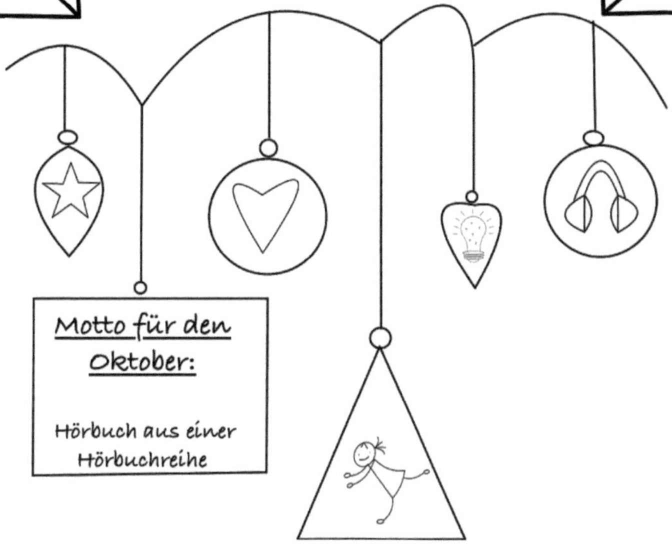

Motto für den Oktober:

Hörbuch aus einer
Hörbuchreihe

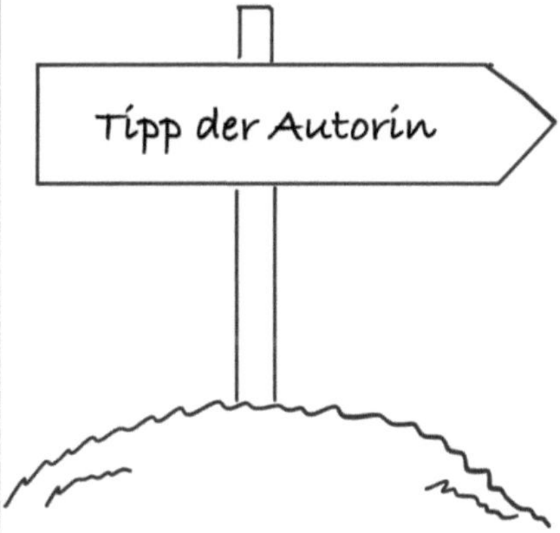

Tipp der Autorin

„Die drei ???"
(Erfinder der Serie ist Robert
Arthur)

„TKKG" von Stefan Wolf
(Pseudonym Rolf Kalmuczak)

„Petronella Apfelmus" von
Sabine Städing

„Der magische
Blumenladen"
von Gina Mayer

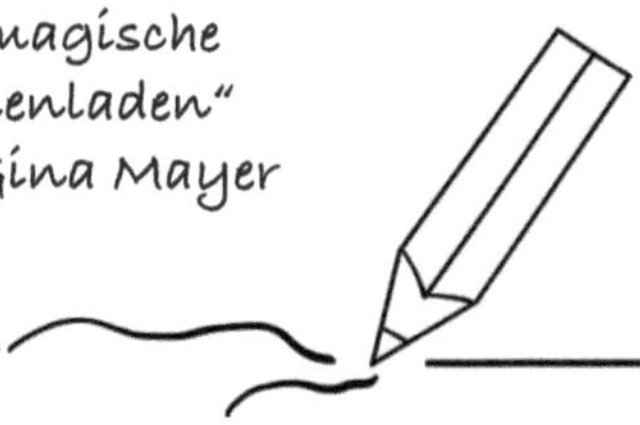

Das Motto für
den Oktober ist:

———————————
———————————

Dazu habe ich
gehört:

———————————
———————————
———————————
———————————

Wie viele Sterne
gibst du dem
Hörbuch?
Begründe dies
mit einem
Schlagwort!

☆ ☆ ☆

Den wievielten
Teil der Reihe hast
du gehört?

Wie viele
Hörbücher gibt es
von dieser Reihe?

Male ein Bild zu der Person, mit der du gerne
befreundet wärst!

Folgende Hörbücher habe ich im Oktober noch gehört!

Autorin/ Autor	Titel	So hat es mir gefallen!

N
E
W
S

Das habe ich durch
meine Hörbücher gelernt:

Diese Wörter
waren neu
für mich!

Wort	Bedeutung

Welches Hörbuch war in diesem Monat besonders
spannend für dich?
Begründe dies in einem Satz!

Platz für ein Bild!

Hat ein Familienmitglied oder eine Freundin/ ein Freund in diesem Monat Geburtstag?

Name:

Geschenkidee:

Platz für deine Gedanken, Ideen oder oder oder...

Mache pro gehörtes Hörbuch einen Strich!

November

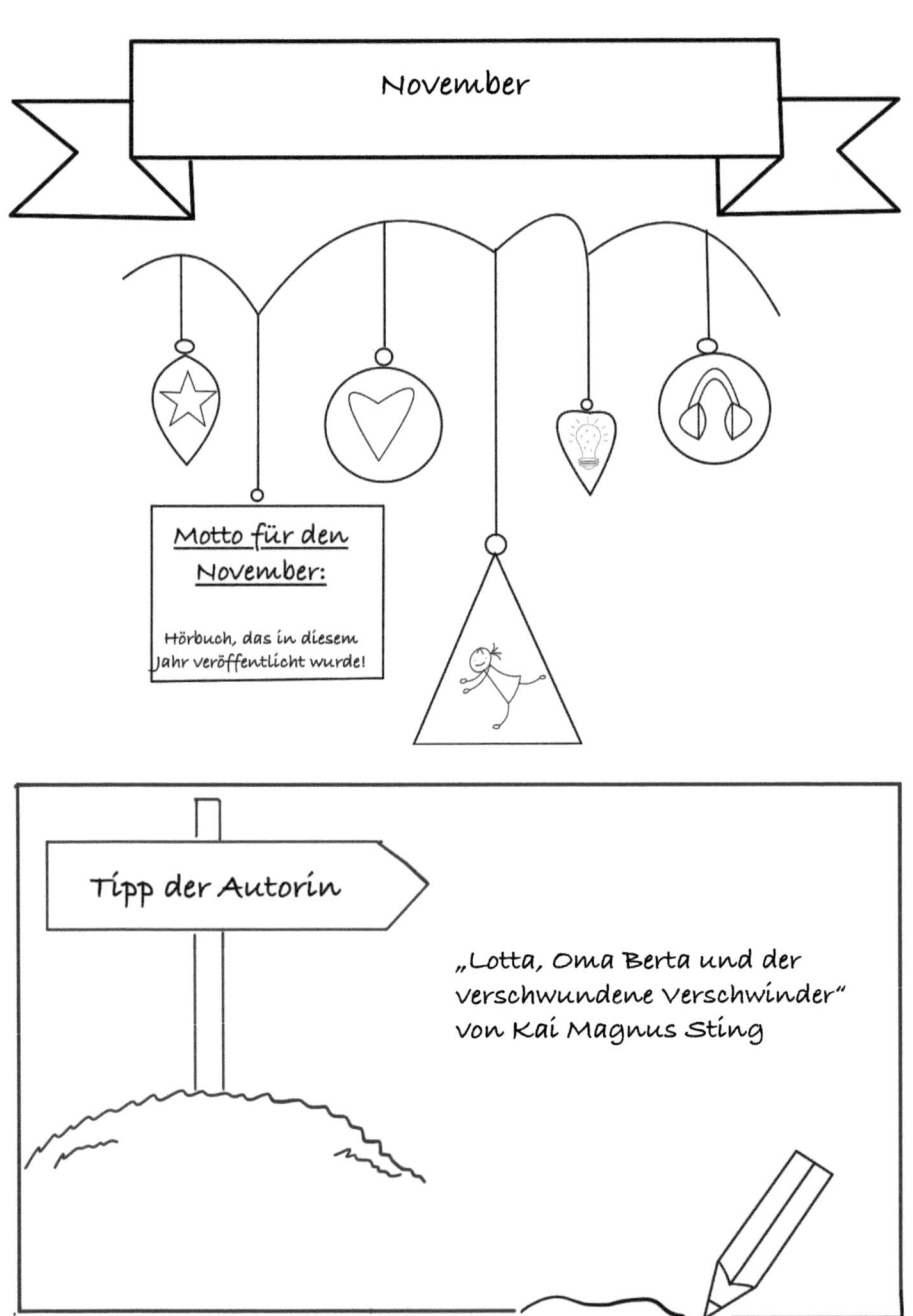

Motto für den
November:

Hörbuch, das in diesem
Jahr veröffentlicht wurde!

Tipp der Autorin

„Lotta, Oma Berta und der
verschwundene Verschwinder"
von Kai Magnus Sting

Das Motto für
den November ist:

_____
_____

Dazu habe ich
gehört:

_____
_____
_____
_____

Wie viele Sterne
gibst du dem
Hörbuch?
Begründe dies
mit einem
Schlagwort!

☆ ☆ ☆

Wann ist dein Hörbuch erschienen?

Wie bist du auf das Hörbuch aufmerksam geworden?

Folgende Hörbücher habe ich im November noch gehört!

Autorin/ Autor	Titel	So hat es mir gefallen!

N
E
W
S

Das habe ich durch
meine Hörbücher gelernt:

Diese Wörter
waren neu
für mich!

Wort   Bedeutung

Im November ist das Wetter oft schlecht...
Nutze die Zeit, mache es dir zu Hause gemütlich und höre...
Du kannst gedanklich reisen, neue Leute kennenlernen und die Seele
baumeln lassen...

Welches Land hast du kennengelernt?

Und welche neuen Leute sind dir begegnet?

Popcorn

Hat ein Familienmitglied oder eine Freundin/ ein Freund in diesem Monat Geburtstag?

Name:

Geschenkidee:

Platz für deine Gedanken, Ideen oder oder oder...

Mache pro gehörtes Hörbuch einen Strich!

Dezember

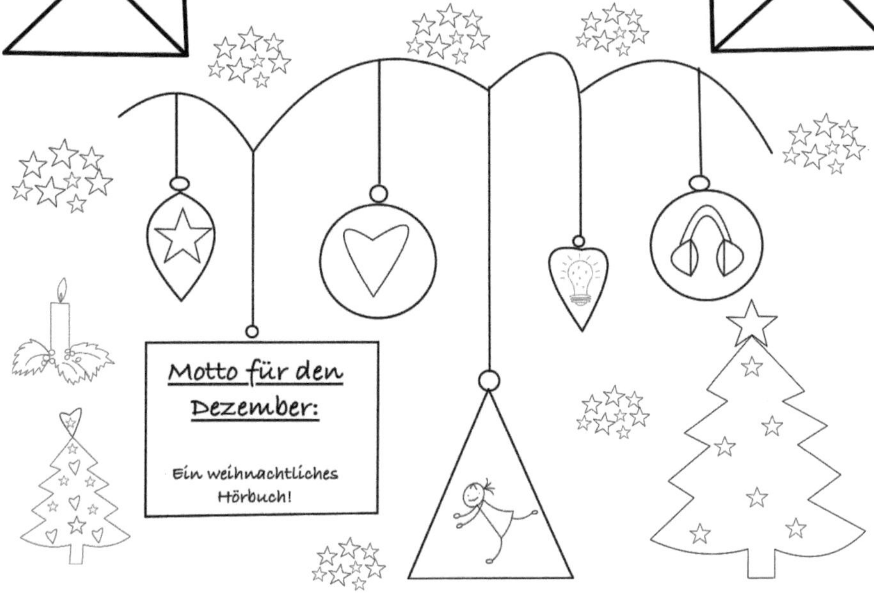

Motto für den Dezember:

Ein weihnachtliches Hörbuch!

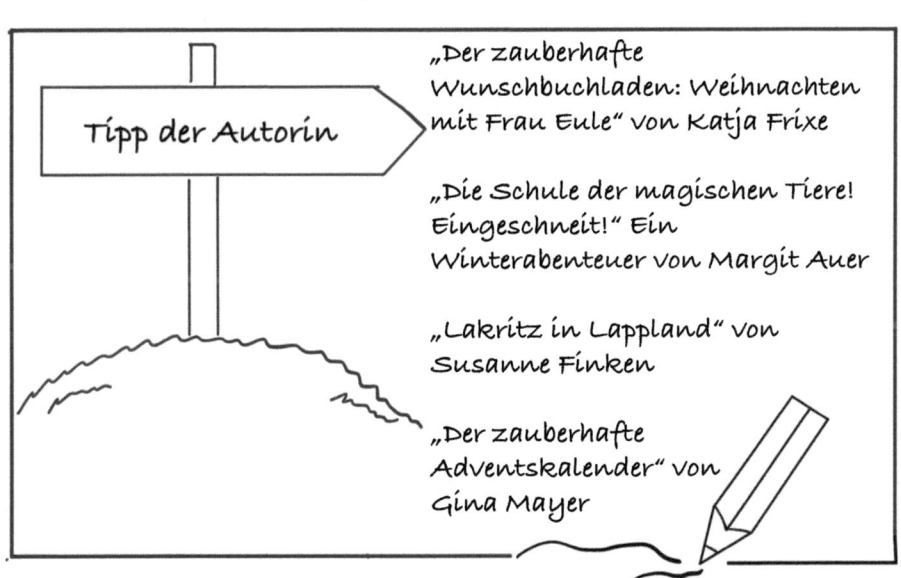

Tipp der Autorin

„Der zauberhafte Wunschbuchladen: Weihnachten mit Frau Eule" von Katja Frixe

„Die Schule der magischen Tiere! Eingeschneit!" Ein Winterabenteuer von Margit Auer

„Lakritz in Lappland" von Susanne Finken

„Der zauberhafte Adventskalender" von Gina Mayer

Das Motto für
den Dezember ist:

––––––––––––––

––––––––––––––

Dazu habe ich
gehört:

––––––––––––––
––––––––––––––
––––––––––––––
––––––––––––––

Wie viele Sterne
gibst du dem
Hörbuch?
Begründe dies
mit einem
Schlagwort!

☆ ☆ ☆

Male ein weihnachtliches Bild!

68

Folgende Hörbücher habe ich im
Dezember noch gehört!

Autorin/ Autor	Titel	So hat es mir gefallen!

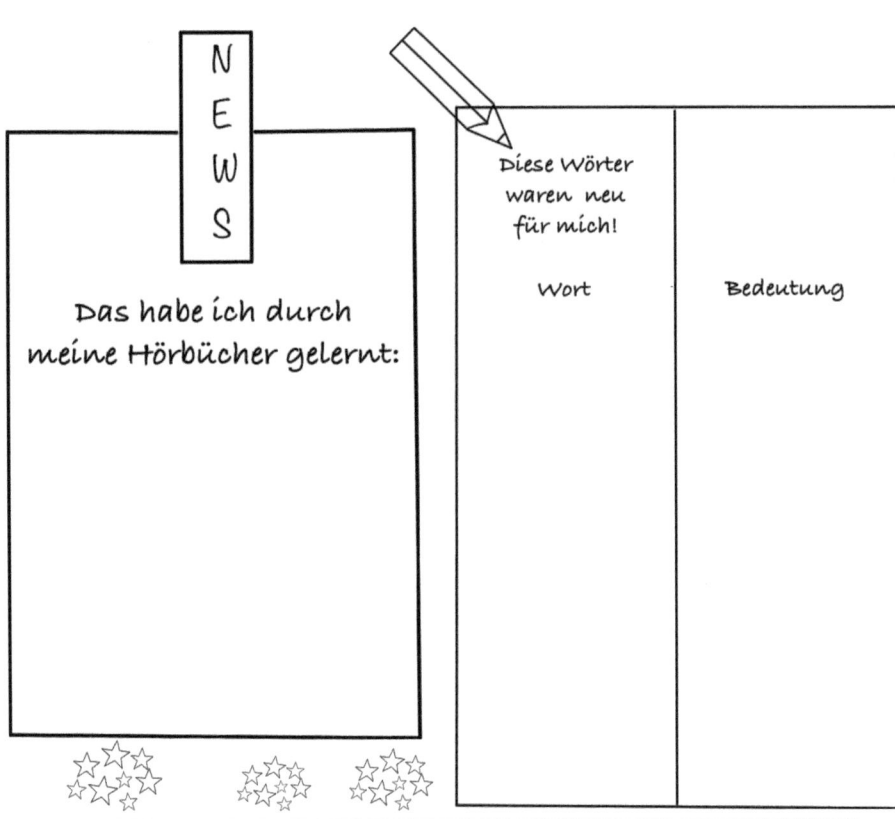

N E W S

Das habe ich durch
meine Hörbücher gelernt:

Diese Wörter
waren neu
für mich!

Wort   Bedeutung

Welches deiner Hörbücher hat dich in diesem Jahr
ganz besonders beeindruckt?
Begründe dies mit einem Satz!

Dezember ist ein festlicher Monat...
Zeit für seine Lieben, Zeit innezuhalten, Zeit
in trauter Runde zu feiern...

Platz für deine Geschenkideen...

Mache pro gehörtes Hörbuch einen Strich!

Nun wird es spannend!

Wie viele Hörbücher hast du
insgesamt in diesem Jahr gehört?

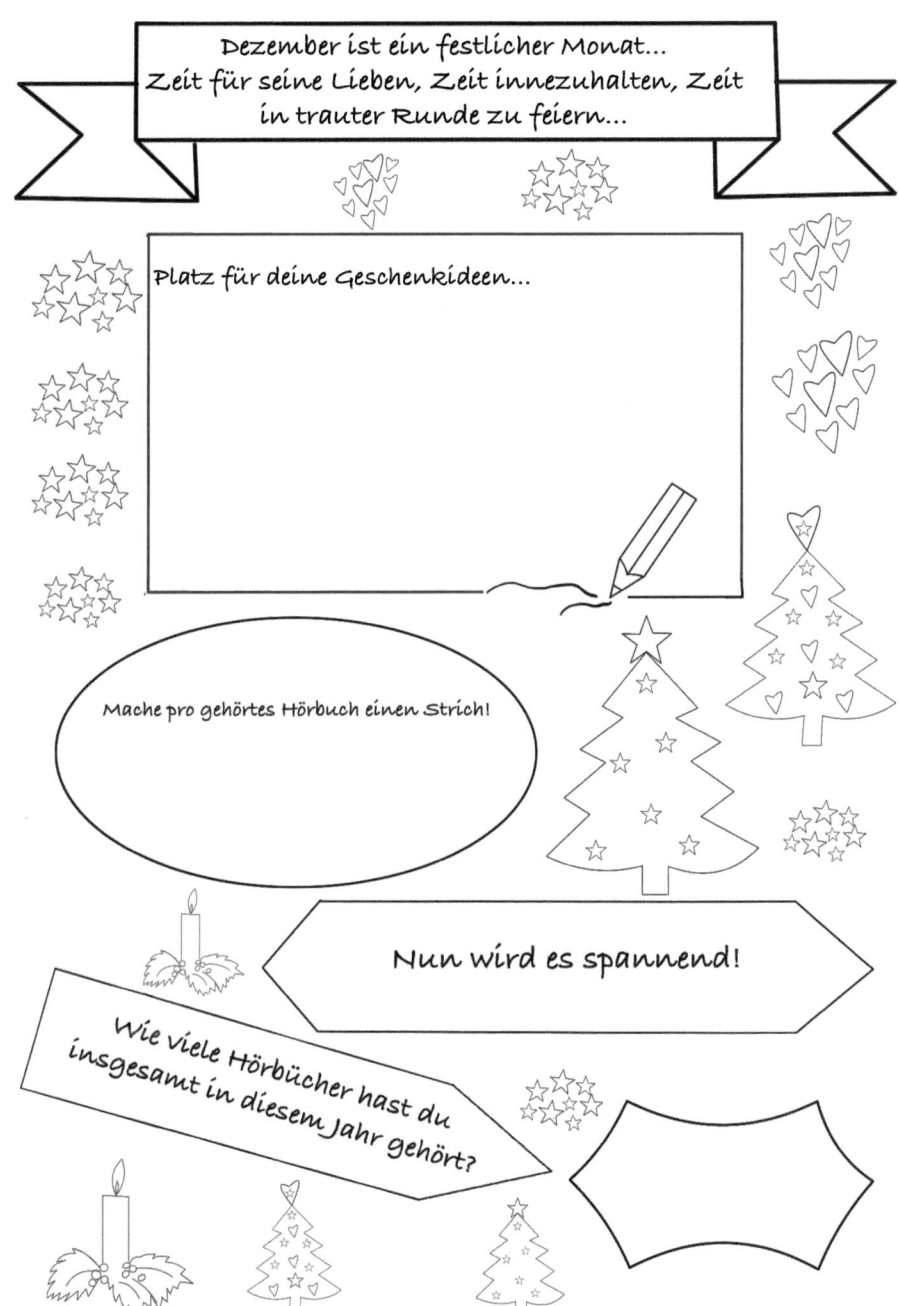

Platz für eigene Notizen...